毛泽东思想和中国特色社会主义理论体系概论学习·实践教程

主　　审　宋　辉

主　　编　张　婷　吕秀侠

副 主 编　陈令霞　孙增林　王国华

参 编 人 员　（按姓氏笔画排列）

王　芳　王　敏　李文斌　曲同颖　肖　彤

中国海洋大学出版社

·青岛·

图书在版编目（CIP）数据

毛泽东思想和中国特色社会主义理论体系概论学习·
实践教程 / 张婷，吕秀侠主编 . — 青岛：中国海洋大
学出版社，2020.12（2021.6 重印）

ISBN 978-7-5670-2704-6

Ⅰ. ①毛…　Ⅱ. ①张…②吕…　Ⅲ. ①毛泽东思想－
高等学校－教学参考资料②中国特色社会主义理论体系－
高等学校－教学参考资料　Ⅳ. ①A84②D610

中国版本图书馆 CIP 数据核字（2020）第 254002 号

毛泽东思想和中国特色社会主义理论体系概论学习·实践教程
MAO ZEDONG SIXIANG HE ZHONGGUO TESE SHEHUI ZHUYI LILUN TIXI
GAILUN XUEXI SHIJIAN JIAOCHENG

出版发行	中国海洋大学出版社		
社　　址	青岛市香港东路 23 号	邮政编码	266071
出 版 人	杨立敏		
网　　址	http://pub.ouc.edu.cn		
订购电话	0532-82032573（传真）		
责任编辑	张　华　王　慧	电　　话	0532-85901984
电子信箱	shirley_0325@163.com		
装帧设计	青岛友一广告传媒有限公司		
印　　制	青岛国彩印刷股份有限公司		
版　　次	2020 年 12 月第 1 版		
印　　次	2021 年 6 月第 3 次印刷		
成品尺寸	170 mm ×240 mm		
印　　张	11.75		
字　　数	229 千		
印　　数	5 001—5 600		
定　　价	30.00 元		

发现印装质量问题，请致电 0532-58700168，由印刷厂负责调换。

如何坚守思想政治理论课（简称"思政课"）作为高校育人的主阵地，如何增强思想政治理论课的思想性、理论性、亲和力和针对性？如何将思政课的教材体系转化为教学体系，将教学体系迁移为价值体系？如何让社会主义核心价值观不仅进课堂而且入脑入心？如何让思政课课堂不仅到课率高而且抬头率、参与率、参与质量也高？如何让教学方式新、教学课堂活、教学效果实？这些都是当前思想政治理论课改革所必须解决的重要课题。

党的十九大以来，以习近平同志为核心的党中央高度重视思政课建设。2019年3月18日，习近平总书记在主持召开学校思想政治理论课教师座谈会上强调："思想政治理论课是落实立德树人根本任务的关键课程""我们办中国特色社会主义教育，就是要理直气壮开好思政课，用新时代中国特色社会主义思想铸魂育人""要坚持理论性和实践性相统一，用科学理论培养人，重视思政课的实践性"。近年来，青岛职业技术学院有序推进思政课改革，思政课教学部不断探索创新，在课程改革方面取得了可喜的成果，组织编写的《毛泽东思想和中国特色社会主义理论体系概论学习·实践教程》就是遵循与时俱进原则、推动思政课改革与创新的成果之一。

本教程编写的目的是在总结前期"毛泽东思想和中国特色社会主义理论体系概论"课程改革经验的基础上，把习近平新时代中国特色社会主义思想贯穿于各章节的内容之中，进一步完善各教学专题的环节设计和项目设计，更好地激发广大学生对思政课的学习兴趣，"寓教于做，寓教于思，寓教于乐"，切实增强思政课的针对性和实效性，增强实践项目的科学性和可操作性，增强案例选择的典型性和新颖性，让学生乐于学习和实践，学有所思，学有所获，使学生将理论知识、价值观念内化于心，外化于行，实现思政课育人的总目标。

本教程在充分尊重全国统编教材《毛泽东思想和中国特色社会主义理论体系概论》（2018年版）的基础上，力图实现理论学习与实践体验一体化，课内、课外学习融合化，在校学习与终身学习同向化。除了以往有的板块（"专题导学""歌曲赏析""案例解析""阅读书目推荐""经典视频推荐""理论小贴士""经典语录"）外，本教程增设了"'四史'记忆"板块，旨在进一步引导学生理解马克思主义为什么行，中国共产党为什么能，中国特色社会主义为什么好。

根据教育部"毛泽东思想和中国特色社会主义理论体系概论"课教学指南的要求，我们经过集体备课研究，将2021年"毛泽东思想和中国特色社会主义理论体系概论"课分为23个专题教学。每个专题均设置丰富、贴切的案例。"案例解析"板块有相应留白。学生通过教程阅读、思考、实践、写作，借助教程演练、展示、研讨、评价，使思政课学习有抓手，考核有依据，有利于教师真正突破满堂灌、重说教的传统教学模式，有利于学生逐步养成学做一体、学思结合的合作式学习、体验式学习的新常态。

实行多元化过程性考核模式，是本教程的一个特色。所谓多元，是指既考核课上学习情况，又考核课下自学水平；既考核线上学习情况，又考核线下学习成果；既考核理论学习情况，又考核社会实践活动；既有平时考核，又有期末考试。所谓过程性，就是摒弃"一卷定成绩"的传统做法，注重学生平时学习的过程积累，通过合理确定不同学习阶段的分值，累加确定课程的总成绩，引导学生将学习贯穿整个学习过程，杜绝期末"集中发力"的错误做法。

坚持教书与育人相结合、校内学习与终身学习相结合，是本教程的另一个特色。思政课教学始终贯穿社会主义核心价值观这一主线，始终着眼于促进学生明礼修身的培养目标，始终坚持唱响主旋律、增强正能量、弘扬真善美的价值导向。本教程结合相应章节的教学内容为学生推荐了内容健康向上的系列图书和视频，精心设计了经典语录，供学生课下有选择地研读，做到读前有引导，过程有指导，读后有评价。

本教程编写由宋辉负责总体指导，其他人员分工协作。其中，第一、二、六专题由陈令霞编写；第三、四、五专题由孙增林编写；第七、九专题由王芳编写；第八、十、十一、十二专题由吕秀侠编写，第十三、二十二专题由李文斌编写；第十四、十五专题由王敏编写；第十六、十七专题由肖彤编写；第十八、十九专题由曲同颖编写；第二十、二十一、二十三专题由王国华编写。实践项目"家乡'四史'传承有我""主旋律歌曲诵唱""寻找青年'政治佳'系列实践项目"由张婷负责设计、编写。全稿由张婷、吕秀侠负责汇总，宋辉负责审核。

本教程如有可资借鉴之处，我们将不胜荣幸；如有不当之处，亦欢迎各位专家同行批评指正。

《毛泽东思想和中国特色社会主义理论体系概论学习·实践教程》编写组

2020年9月

C 目录
ontents

第二部分　实践项目 / 167

第一部分

专题学习

专题一

马克思主义中国化及其理论成果

▲

【专题导学】

一、学习目标

1.从整体上把握中国选择马克思主义和马克思主义中国化的历史必然性。

2.了解马克思主义中国化的历史进程，理解并掌握马克思主义中国化的科学内涵。

3.掌握马克思主义中国化的两大理论成果，正确理解两大理论成果之间的关系。

二、重点和难点

（一）重点

1.中国选择马克思主义的历史必然性。

2.马克思主义中国化的科学内涵以及马克思主义中国化的历史必然性。

3.马克思主义中国化的两大理论成果及其关系。

（二）难点

1.马克思主义中国化的历史必然性。

2."概论"课的教学目的。

三、主要学习内容

（一）马克思主义的科学内涵以及中国选择马克思主义的历史必然性

马克思主义是关于自然界、人类社会、人类思维发展的一般规律的理论体系；马克思主义是人们观察世界、分析问题的有力思想武器；马克思主义不仅致力于科学"解释世界"，而且致力于积极"改变世界"。

近代中国衰败之后，中国仁人志士为救亡图存进行的各式各样尝试的失败和十月社会主义革命的胜利让中国人民最终选择了马克思主义。在马克思列宁主义同中国工人运动结合过程中诞生了中国共产党，从此中国发生了历史性的转折。

（二）马克思主义中国化的科学内涵以及马克思主义中国化的原因

马克思主义中国化就是把马克思主义基本原理同中国具体实际和时代特征结合起来，运用马克思主义的立场、观点、方法研究和解决中国革命、建设、改革中的实际问题；就是总结和提炼中国革命、建设、改革的实践经验，丰富和发展马克思主义；就是运用中国人民喜闻乐见的民族语言来阐述马克思主义理论，实现马克思主义大众化。

（三）马克思主义中国化的两大理论成果以及两大理论成果之间的关系

马克思主义中国化实现了两次历史性飞跃。第一次历史性飞跃发生在新民主主义革命时期，形成了毛泽东思想。第二次历史性飞跃发生在社会主义进入改革开放的新时期，形成了包括邓小平理论、"三个代表"重要思想、科学发展观、习近平新时代中国特色社会主义思想在内的中国特色社会主义理论体系。

毛泽东思想和中国特色社会主义理论体系，都是马克思主义中国化的理论成果，都是中国化的马克思主义，它们同马克思列宁主义一起，是中国共产党长期坚持的指导思想和全国各族人民奋斗的共同思想基础。

（四）"概论"课的教学目的

开设"概论"课，是为了使大学生对在马克思主义中国化进程中形成的理论成果有更加准确的把握；对中国共产党领导人民进行的革命、建设、改革的历史进程、历史变革、历史成就有更加深刻的认识；对中国共产党在新时代坚持的基本理论、基本路线、基本方略有更加透彻的理解；对运用马克思主义立场、观点和方法认识问题、分析问题和解决问题能力的提升有更加切实的帮助。

（五）统编教材的主线、重点及逻辑结构

本门课的统编教材以马克思主义中国化为主线，集中阐述马克思主义中国化理论成果的主要内容、精神实质、历史地位和指导意义；以马克思主义中国化最新成果为重点，全面把握中国特色社会主义进入新时代，系统阐释习近平新时代中国特色社会主义思想的主要内容和历史地位。统编教材在结构上除了前言和结束语外，由三部分共十四章组成。其中第一部分毛泽东思想分四章，全面、系统展示了毛泽东思想的主要内容和历史地位。第二部分分三章，分别阐述邓小平理论、"三个代表"重要思想、科学发展观各自形成的社会历史条件、形成发展过程、主要内容和历史地位。第三部分主要阐述习近平新时代中国特色社会主义思想。

四、学习建议

本专题是全书的总论。本专题的学习可以采用自主探究法、文献阅读法、案例分析法、交流讨论法等学习方法。

1. 学习"马克思主义的科学内涵以及中国选择马克思主义的历史必然性"，建议同学们通过自主探究法、文献阅读法等方法，深入理解相关理论知识和历史背景。

（1）关于"马克思主义的科学内涵"部分，建议同学们课后通过观看五集通俗理论对话节目《马克思是对的》或者两集纪录片《不朽的马克思》，对马克思和马克思主义形成直观认识；建议同学们通过阅读《共产党宣言》等马克思、恩格斯的经典著作，进一步进行理论的深入学习。

（2）关于"中国选择马克思主义的历史必然性"这一部分，建议同学们观看《社

会主义"有点潮"》第四集《南湖的红船为什么能破浪前行》，或者选择《旗帜》第一集《开天辟地》，或者电视政论片《复兴之路》第一集《千年局变》来进行深入自主的历史探究学习。

2. 学习"马克思主义中国化的科学内涵以及马克思主义中国化的历史必然性"，建议同学们通过交流、讨论，明确理论要点和知识逻辑。此外，也推荐同学们通过观看中国人民大学公开课"马克思主义中国化的百年流变"，更加深入地理解马克思主义中国化的历史进程，从而有助于理解该理论内容。

3. 学习"马克思主义中国化的两大理论成果以及两大理论成果之间的关系"这一部分，同学们可以通过文献查阅法和制作思维导图等方式，梳理相关知识要点。

【歌曲赏析】

歌曲1：《没有共产党就没有新中国》

简介：《没有共产党就没有新中国》是1943年由曹火星创作的一首歌曲。原名为"没有共产党就没有中国"，据称是经过了毛泽东的修改，添加了"新"字，并做了小幅改动。《没有共产党就没有新中国》诞生在北京市房山区霞云岭乡堂上村。如今，这里有一座《没有共产党就没有新中国》纪念馆。1943年9月，19岁的曹火星作为群众剧社成员与另外三人组成小分队，从晋察冀边区总部出发，跋山涉水来到平西房（山）涞（水）涿（县）新区霞云岭堂上村。在这里曹火星创作了这首著名的抗战歌曲。

歌曲2：《走向复兴》

简介：《走向复兴》是一首为中华人民共和国成立六十周年献礼的歌曲。歌曲根据时代的要求传递向上的自信精神。它在节奏和旋律上很稳、不张扬，迎合了新中国面对困难、敌视、封锁的勇敢的精神。歌词表达出中国人在新的时期面向未来、不怕艰苦、走向民族复兴的信念，也与时代所需相呼应。

【案例解析】

案例1：红色的起点

案例导读：

下面的一段资料节选自叶永烈的《红色的起点》一书。他描述了红色的起点——中国共产党诞生的一个片段。

案例呈现：

陈潭秋用俄文在一九三六年第七卷第四、第五期合刊《共产国际》杂志上发表文章《第一次代表大会的回忆》。陈潭秋在文章中提及的"九个临时寓客"，据称是"北京大学暑期旅行团"。其实，这个"旅行团"如陈潭秋所写的："这些人原来就是各地共产主义小组的代表，为了正式组织共产党，约定到上海来开会。"

那"九个临时寓客"是毛泽东、何叔衡、董必武、陈潭秋、王尽美、邓恩铭、刘仁静、包惠僧、周佛海。包惠僧刚到上海那天，是住在渔阳里二号，张国焘叫他搬到博文女校去。

张国焘常在博文女校，有时也睡在那里，但他在上海还另有住处。

"二李"住在上海自己家中。陈公博带着太太来，住在大东旅社。

博文女校虽说是学校，其实不大，相当于三上三下的石库门房子，坐落在法租界白尔路三八九号（后改蒲柏路，今太仓路一二七号），也是一幢青红砖相间的二层房子，典雅大方，屋里红漆地板。这所学校不过百把个学生。

……

就在最后一位代表陈公博来到上海的翌日，即七月二十二日，在博文女校楼上开过一次碰头会——包惠僧说"像是预备会"，而陈潭秋则称之为"开幕式"。

包惠僧在他的回忆录中说："在大会开会的前一天，在我住的那间房子内商量过一次（像是预备会），并不是全体代表都参加，我记得李汉俊、张国焘、李达、刘仁静、陈潭秋、周佛海和我都参加了，其余的人我记不清楚。李达也把王会悟带来了，我们在里间开会，她坐在外间的凉台上。"

陈潭秋则在他一九三六年发表的《第一次代表大会的回忆》中写道：

"七月底大会开幕了，大会组织非常简单，只推选张国焘同志为大会主席，毛泽东同志与周佛海任记录。就在博文女校楼上举行开幕式……"

——摘自叶永烈《红色的起点》

思考解答：

请你查阅资料并总结中共一大代表后来的人生之路有何不同？你从中得到什么启发？

_____

_____

_____

_____

案例2：一堂好课——金一南《百年苦难与百年辉煌》

案例导读：

本视频选自央视的节目《一堂好课》。主讲人金一南作为中国国防大学的著名教授，通过丰富的史料和热血的故事，讲述中国百年救亡的苦难斗争史和百年复兴的辉煌奋斗史。

案例呈现：

百年苦难：http://tv.cctv.com/2019/11/17/VIDEu3damY44fYnIkd
BKueRr191117.shtml?spm=C55953877151.PuvgIQ6NQbQd.0.0

百年辉煌: http://tv.cctv.com/2019/11/19/VIDECBrd8TAsvHR
bRww8Icyq191119.shtml?spm=C77151.PuvgIQ6NQbQd.0.0

思考解答:

马克思主义中国化产生了哪些理论成果? 这些理论成果之间有
什么关系?

_____

_____

_____

_____

【 "四史" 记忆 】

中国共产党一大召开

1921年7月23日, 中国共产党第一次全国代表大会在上海召开。最后一天的会议转移到浙江嘉兴南湖举行。参加会议的各地代表是: 李达、李汉俊 (上海), 张国焘、刘仁静 (北京), 毛泽东、何叔衡 (长沙), 董必武、陈潭秋 (武汉), 王尽美、邓恩铭 (济南), 陈公博 (广州), 周佛海 (旅日)。包惠僧受在广州的陈独秀派遣, 也参加了会议。他们代表着全国50多名党员。共产国际代表马林和尼科尔斯基列席会议。

大会确定党的名称为 "中国共产党"。党的纲领是 "革命军队必须与无产阶级一起推翻资本家阶级的政权", "承认无产阶级专政, 直到阶级斗争结束", "消灭资本家私有制", 以及联合第三国际。大会讨论了实际工作计划, 决定集中精力领导工人运动, 组织工会和教育工人。大会选举产生了党的领导机构—中央局, 陈独秀为书记, 李达、张国焘分管宣传和组织工作。

党的一大正式宣告了中国共产党的成立。这次大会是在反动统治的白色恐怖下秘密举行的, 除了会场一度遭到暗探和巡捕的骚扰外, 在社会上没有引起任何注意, 好像什么事情也没有发生。但是, 就在这时, 一个新的革命火种却已在沉沉黑夜中点燃起来。从此, 在古老的中国大地上出现了完全新式的、以马克思主义为行动指南的、统一的和唯一的中国工人阶级的政党。

中国共产党的成立, 适应了近代以来社会进步和革命发展的客观要求, 是开天辟地的大事变。中国共产党作为中国最先进的阶级—工人阶级的政党, 不仅代表着工人阶级的利益, 而且代表着整个中华民族的利益。中国共产党从一开始就拥有马克思主义这个最先进的思想武器, 因而能够为中国革命指明前进的方向。正是这个党, 给灾难深重的中国人民带来光明和希望。虽然这时它的力量还很弱小, 但它满怀信心地以改造中国为己任，为争取民族独立和人民解放，实现国家的繁荣富强和人民的共同富裕，开始了艰苦卓绝的斗争历程。自从有了中国共产党，中国革命的面目就焕然一新。

——中共中央党史研究室著，《中国共产党简史》，中共党史出版社，2001年

【阅读书目推荐】

〔美〕傅高义.邓小平时代[M].冯克利，译.北京：生活·读书·新知三联书店，2013.

简介：邓小平深刻影响了中国历史和世界历史的走向，也改变了每一个当代中国人的命运。解读邓小平的政治生涯及其行为逻辑，就是解读当代中国，解读个人命运背后的历史变局。哈佛大学傅高义教授倾十年心力完成的巨著《邓小平时代》，是对邓小平跌宕起伏的一生以及中国惊险崎岖的改革开放之路的全景式描述。作者以丰富的史料、档案资料和为数众多的独家访谈为基础，对邓小平个人性格及执政风格进行了深层分析，并对中国改革开放史进行了完整而独到的阐释。全书人物、事件众多，既有对毛泽东、周恩来、邓小平、陈云等人相互关系的细致解读，又有对权力过渡、中美建交、政改试水、经济特区、"一国两制"等重大事件和决策的深入分析。全书持论严谨、脉络清晰、观点鲜明、叙述生动，力图使人物言行符合历史情境，对改革开放的历史进程亦时有独特看法，引人深思，被誉为邓小平研究"纪念碑式"的著作。

【经典视频推荐】

电影：《建党伟业》

简介：影片讲述从1911年辛亥革命爆发到1921年中国共产党成立这段时间内的历史故事与风云人物，以及毛泽东、李大钊、陈独秀、张国焘、周恩来、蔡和森、向警予等第一批中国共产党党员，在风雨飘摇的时代背景下为国家赴汤蹈火的精彩故事。

视频链接：

https://www.1905.com/vod/play/446747.shtml

【理论小贴士】

1. 马克思主义：它是关于全世界无产阶级和全人类彻底解放的学说，是关于自然界、人类社会、人类思维发展的一般规律的理论体系。它是由马克思主义哲学、马克思主义政治经济学和科学社会主义三大部分组成的，是马克思、恩格斯在批判地继承和吸收人类关于自然科学、思维科学、社会科学优秀成果的基础上于19世纪40年代

创立的，并在实践中不断地丰富、发展和完善的无产阶级思想的科学体系。"马克思主义揭示了事物的本质、内在联系及发展规律，是'伟大的认识工具'，是人们观察世界、分析问题的有力思想武器；马克思主义具有鲜明的实践品格，不仅致力于科学'解释世界'，而且致力于积极'改变世界'。"

2. 唯物辩证法：它是一种研究自然、社会、历史和思维的哲学方法；是人们认识世界和改造世界的根本方法；是辩证法的三种基本历史形式之一；是由马克思首先提出，经其他马克思主义者（比较突出的如恩格斯、列宁、托洛茨基、毛泽东等）发展而形成的一套世界观、认识论和方法论的思想体系；是马克思主义哲学的核心内容。唯物辩证法认为：物质世界是普遍联系和不断运动变化的统一整体；辩证规律是物质世界自己运动的规律；它包括三个基本规律（对立统一规律、质量互变规律和否定之否定规律）以及现象与本质、原因与结果、必然与偶然、可能与现实、形式与内容等一系列基本范畴；矛盾（即对立统一）规律是唯物辩证法的实质和核心，矛盾分析法是对立统一规律在方法论上的体现，在唯物辩证法的方法论体系中处于核心地位。

【经典语录】

1. 没有调查，没有发言权。……你对那个问题的现实情况和历史情况既然没有调查，不知底里，对于那个问题的发言便一定是瞎说一顿。……注重调查！反对瞎说！

——毛泽东著，《毛泽东选集》（第一卷），人民出版社，1991年

2. 和平和发展是当代世界的两大问题。……现在世界上真正大的问题，带全球性的战略问题，一个是和平问题，一个是经济问题或者说发展问题。和平问题是东西问题，发展问题是南北问题。概括起来，就是东西南北四个字。南北问题是核心问题。

——邓小平著，《邓小平文选》（第三卷），人民出版社，1993年

专题二

毛泽东思想及其历史地位

【专题导学】

一、学习目标

1. 全面、深刻把握毛泽东思想的科学含义。

2. 了解毛泽东思想的发展历程，掌握毛泽东思想的主要内容。

3. 理解毛泽东思想的三大活的灵魂，引导学生确立实事求是的思维方法论。

4. 引导学生运用辩证唯物主义和历史唯物主义的观点和方法科学评价毛泽东及毛泽东思想的历史地位，全面了解毛泽东思想的创造性，感受毛泽东思想的理论魅力和精神力量，旗帜鲜明地反对"神化""妖魔化""非毛化"错误思想，抵制历史虚无主义，让毛泽东思想永放光芒。

二、重点和难点

（一）重点

1. 准确理解毛泽东思想的科学含义。

2. 通过系统阐述毛泽东思想形成发展的时代背景、实践基础和理论渊源，理解毛泽东思想形成、发展的历史必然性。

3. 掌握毛泽东思想的主要内容，准确理解毛泽东思想的三大活的灵魂。

4. 毛泽东思想的历史地位。

（二）难点

1. 准确理解毛泽东思想的科学含义，明确毛泽东个人的思想和毛泽东思想的区别。

2. 毛泽东思想三大活的灵魂。

3. 科学评价毛泽东及毛泽东思想。

三、主要学习内容

（一）毛泽东思想的科学含义

毛泽东思想是马克思列宁主义在中国的运用和发展，是被实践证明了的关于中国革命和建设的正确的理论原则和经验总结，是中国共产党集体智慧的结晶。

（二）毛泽东思想形成、发展的历史条件

1. 时代背景：19世纪末20世纪初，世界进入帝国主义和无产阶级革命时代。1917年俄国十月革命的胜利开辟了世界无产阶级社会主义革命的新时代。它使中国反帝反封建的民主革命从旧的世界资产阶级民主革命的一部分，转变为新的世界无产阶级社会主义革命的一部分。

2. 实践基础：以毛泽东为代表的中国共产党领导人民进行革命和建设的成功实践是毛泽东思想形成和发展的实践基础。

（三）毛泽东思想形成、发展的过程

1. 毛泽东思想形成。

第一次国内革命战争时期，毛泽东以马克思列宁主义为指导，深入实际调查研究，在《中国社会各阶级的分析》《湖南农民运动考察报告》等著作中，分析了中国社会各阶级在革命中的地位和作用，提出了新民主主义革命的基本思想。

在土地革命战争时期，毛泽东在《中国的红色政权为什么能够存在？》《井冈山的斗争》《星星之火，可以燎原》《反对本本主义》等著作中，提出并阐述了农村包围城市、武装夺取政权的思想，标志着毛泽东思想的初步形成。

2. 毛泽东思想成熟。

遵义会议至抗日战争时期，毛泽东系统地总结了党领导中国革命特别是全民族抗日战争以来的历史经验。这一时期，新民主主义革命理论的系统阐述，实现了马克思主义与中国革命实践相结合的历史性飞跃，标志着毛泽东思想得到多方面展开而趋于成熟。1945年党的七大将毛泽东思想写入党章，确立为党必须长期坚持的指导思想。这一时期毛泽东的代表作有《实践论》和《矛盾论》《〈共产党人〉发刊词》《中国革命和中国共产党》《新民主主义论》《论联合政府》等。

3. 毛泽东思想继续发展。

解放战争时期和新中国成立以后，以毛泽东为主要代表的中国共产党人形成的关于社会主义革命和社会主义建设的重要思想，集中体现于毛泽东《在中国共产党第七届中央委员会第二次全体会议上的报告》《论人民民主专政》《论十大关系》《关于正确处理人民内部矛盾的问题》等著作中，是毛泽东思想的丰富和发展。

（四）毛泽东思想的主要内容以及活的灵魂

1. 毛泽东思想的主要内容包括新民主主义革命理论、社会主义革命和社会主义建设理论、革命军队建设和军事战略的理论、政策和策略的理论、思想政治工作和文化工作的理论、党的建设理论等。

2. 毛泽东思想活的灵魂，即实事求是、群众路线和独立自主。它是贯穿上述各个理论的基本立场、观点和方法。

（五）毛泽东思想的历史地位

1. 马克思主义中国化的第一个重大理论成果。

2. 中国革命和建设的科学指南。

3. 中国共产党和中国人民宝贵的精神财富。

四、学习建议

本专题的学习可以采用自主探究法、文献阅读法、案例分析法、交流讨论法等学习方法。

1. 本专题的学习，建议同学们先从了解毛泽东个人的生平开始，通过观看文献纪录片，如《毛泽东》《中国出了个毛泽东》《走近毛泽东》，或者阅读毛泽东传记作品如《毛泽东传》，了解客观、真实、全面和立体的毛泽东，增强对毛泽东的感性认识。

2. "毛泽东思想的科学含义"的学习，建议同学们通过讨论法，辨析毛泽东思想和毛泽东个人的思想之间的联系和区别，从而准确理解毛泽东思想的科学内涵。

3. "毛泽东思想形成、发展的历史条件"这一部分的学习，建议同学们通过阅读中共中央党史研究室编写、中共党史出版社出版的《中国共产党历史》第一、第二卷，或者中共中央党史研究室著、胡绳主编的《中国共产党的七十年》，或者由中共中央文献研究室、中共湖南省委《毛泽东早期文稿》编辑组编，湖南人民出版社出版的《毛泽东早期文稿》，了解这段历史。

4. "毛泽东思想形成、发展的过程"和"毛泽东思想的主要内容"的学习，建议同学们通过阅读历史文献资料，如《毛泽东选集》《毛泽东文集》，了解毛泽东思想形成、发展的不同时期的代表作，从而把握毛泽东思想的创新观点，感受毛泽东思想的理论魅力和精神力量。

5. 理解毛泽东思想的历史地位，通过亲身实践，开展实践调查，如采访党史专家、老红军战士，参观红色文化资源，以自己的体悟，深刻理解毛泽东和毛泽东思想的历史地位，深化对没有共产党就没有新中国的认识。另外，还可以通过阅读《关于建国以来党的若干历史问题的决议》和习近平在纪念毛泽东同志诞辰120周年座谈会上的讲话，明确党的决议和文件对毛泽东和毛泽东思想历史地位的评价。

【歌曲赏析】

歌曲1：《东方红》

简介：《东方红》的曲调原为陕北民歌《骑白马》。1943年冬，陕西葭县（今佳县）农民歌手李有源依照《骑白马》的曲调编写成一首具有长达十余段歌词的民歌

《移民歌》。《移民歌》既有叙事的成分，又有抒情的成分，表达在毛主席、共产党领导下的广大贫苦农民追求幸福生活的欣悦心情。歌曲编成后由李有源的侄子、农民歌手李增正多次在民间和群众集会上演唱，很受人们欢迎。随后，延安文艺工作者将《移民歌》整理、删修成三段歌词，并改名为《东方红》，1944年在《解放日报》上发表。中华人民共和国成立后，为适应专业合唱队表演，先后有多位作曲家将其改编为合唱曲，现在通行的合唱曲《东方红》是由著名作曲家李涣之编写的。这首最早在陕北传唱的歌曲以朴实的语言，唱出了人民群众对伟大领袖毛泽东主席及其领导的中国共产党的深情，歌词简单，情感真实，旋律好记，因此流传极广。

歌曲2：《太阳最红，毛主席最亲》

简介：1976年9月9日，毛泽东主席逝世，全国人民沉浸在一片悲痛之中。出于对伟大领袖的怀念和崇敬之情，付林写下了《太阳最红，毛主席最亲》这首词，后来由王锡仁谱了曲。这首歌从歌词到曲调都自然平和、朗朗上口，朴实得就像说话一样，表达了老百姓怀念毛泽东主席的真情实感。

【案例解析】

案例1：红军留款信

案例导读：

下面一段资料是1929年红军在闽西革命根据地遭到国民党"会剿"时执行我党我军制定的《三大纪律八项注意》的一段珍贵的史料。中国共产党为什么能？读完这段资料大家一定会有深深的感悟。

案例呈现：

在福建省漳平市象湖镇杨美村，有一封写在墙上的红军留款信："老板：你不在家，你的米我买了二十六斤，大洋二元，大洋在观泗老板手礼（里）——红军"。

这封留款信距今已有91年的历史，它就像一座历史丰碑，真实地记载着当年红军坚决执行我党我军制定的《三大纪律八项注意》这一历史事实。

1929年8月，国民党调集闽、粤、赣三省的兵力"会剿"闽西革命根据地。为了保卫闽西土地革命的胜利果实，粉碎敌人的"会剿"，扩大红色区域，红四军军长朱德率领第二、三纵队向闽中进军。当红四军进入漳平杨美村时，村里的老百姓由于受国民党反动派的造谣欺骗，对红军还不了解，为避免再次遭受兵祸之乱带来的痛苦，大家纷纷躲进了深山中，只有小杂货铺的老板苏观泗留了下来。

朱德率领红四军于中午时分到达了漳平杨美村。他们一个个头戴斗笠、脚穿草鞋、身着灰蓝色军装。军长朱德一声令下，大队人马除几个战士在村口站岗外，都就地休息。

伙夫准备煮饭时，发现没米下锅，急忙向朱德汇报情况。朱德听后，说："要想办法找到老乡买米。没米，战士们怎能行军打仗？"

战士们于是四处找老乡买米，最后找到了观泗老板。战士们高兴地对观泗老板说："老伯，您不用怕，我们是红军，想买些米，您家有米卖吗？"

观泗老板吓了一跳，慌张地回答："没，没有！"

红军战士见状，向观泗老板解释了自己的来意，并宣传了红军的宗旨、任务以及红军的纪律，同时诚恳地请他帮忙购买粮食，最终使观泗老板放下了戒心。在观泗老板的帮助下，红军战士来到了老乡苏和的家中，以高于市价的价格买下了二十六斤大米，还在苏和家中饭厅的墙壁上写下了这封留款信，走时将购粮的钱交给观泗老板，请其代为转交。

红四军走后，乡亲们陆陆续续地回到村子里。

老乡苏和刚走进家门，一眼就看见了红军在墙上写下的留款信，随后又在观泗老板手里拿到了两块大洋，激动地逢人就说："红军真好，红军真公道！"

乡亲们回到家里后，发现东西并未丢失，于是大家来到观泗老板店前，询问这支红军队伍在村里的情况。听了观泗老板的介绍后，乡亲们对红军有了一个全新的认识，感慨地说："这才是咱们穷苦人民的军队呐！"

不久，红四军再次经过漳平杨美村，这回乡亲们不仅不再躲了，还主动到村头欢迎红军，给红军送情报、带路。在乡亲们的支持和帮助下，红四军在漳平杨美村附近的溪南镇成功消灭了国民党军一个团。

——摘自"学习强国"

思考解答：

群众路线的含义是什么？结合该案例谈一谈如何坚持群众路线。

_____

_____

_____

_____

_____

案例2：实事求是石刻

案例导读：

这段视频分别介绍了实事求是的来历以及实事求是思想路线重新确立的过程。

案例呈现：

http://tv.cctv.com/2009/12/02/VIDE1355504715236509.shtml

思考解答：

实事求是的科学内涵是什么？结合你个人的学习生活谈一谈如何坚持实事求是。

_____

_____

_____

_____

_____

【 "四史" 记忆 】

秋收起义

"八七会议"后，毛泽东作为中央特派员到湖南改组省委并领导湘赣边界秋收起义。起义于1927年9月9日发动。这次秋收起义不沿用国民革命军的番号，而将起义部队统一编为工农革命军第一军第一师，卢德铭任总指挥，余洒度任师长，参加起义部队共约5000人。秋收起义部队在第一次拥有自己番号的同时，也拥有了自己的军旗，这是人民军队历史上的第一面军旗。在进攻长沙受挫后，以毛泽东为书记的前敌委员会当机立断，改变原定部署，决定到敌人控制比较薄弱的山区寻求立足地。

毛泽东在率领起义军南下途中，经过调查研究，选定位于湘赣边界的罗霄山脉中段即井冈山地区作为部队的立足点。10月7日，毛泽东率部到达江西宁冈县茅坪，开始了创建井冈山革命根据地的斗争。

秋收起义抛弃了国民党的旗帜，公开打出了中国共产党领导武装起义的旗帜——师部参谋何长工、副官杨立三、参谋处长陈树华设计出了具有历史意义的工农革命军"镰刀斧头"军旗图案。从此，开始了创建井冈山革命根据地的斗争，为保存和发展革命力量，逐步地找到了一条正确的道路——农村包围城市，武装夺取政权的新民主主义革命道路。

——中共中央党史研究室著，《中国共产党历史 第一卷 1921—1949 上》，

中共党史出版社，2011年

【 阅读书目推荐 】

逄先知，金冲及.毛泽东传[M].北京：中央文献出版社，2018.

简介：本书是第一部由中共中央批准编写的关于毛泽东的传记，主要依据中央档

案馆保存的大量有关毛泽东的档案资料，参考同毛泽东有过直接接触的人士写的回忆文章和对他们的访谈记录，借鉴吸收毛泽东研究方面的一些成果，是在对毛泽东的生平和思想进行了较长时间认真研究的基础上写成的。它以翔实可靠的材料、简洁流畅的文字，详细、真实地记述了毛泽东从青少年时期到缔造中国共产党、中国人民军队和中华人民共和国的波澜壮阔的人生经历，也从一个重要方面反映了半个多世纪中国革命的发展进程。本书用史论结合的写作方法，在记述毛泽东活动的同时，对他在民主革命各个时期提出的一系列重要的理论观点、策略思想，对他超人的胆识、智慧和科学的思想方法、工作方法，进行了深刻的阐释和论述，全面地反映了他把马克思主义普遍真理与中国革命具体实践相结合的思想轨迹，历史地再现了他作为中共中央第一代领导集体的核心对有中国特色革命道路的艰辛探索，深刻地揭示了作为中国共产党人集体智慧结晶的毛泽东思想形成、发展的历史过程。本书具有高度的科学性、思想性和较强的可读性、感染力，是一部介绍和研究毛泽东生平与思想的力作。

【经典视频推荐】

纪录片《走近毛泽东》

简介：《走近毛泽东》是由中央新闻纪录电影制片厂出品的纪录片。这部影片的特色不仅表现在思想性和艺术性的高度统一，而且表现在创作者用平民化、生活化的视角展现了毛泽东的人性、个性和革命意志。该影片简化了一些过去人所共知的大场面、大事件，突出一个"情"字。

视频链接：

http://tv.cctv.com/2012/12/16/VIDE1355596275043438.shtml（上）

http://tv.cctv.com/2012/12/16/VIDE1355596257743148.shtml（下）

【理论小贴士】

1. 群众路线：群众路线是毛泽东思想三个活的灵魂之一，是党的根本工作路线。群众路线，就是一切为了群众，一切依靠群众，从群众中来，到群众中去，把党的正确主张变为群众的自觉行动。群众路线是以毛泽东为主要代表的中国共产党人坚持把马克思列宁主义关于人民群众是历史创造者的原理，系统地运用在党的全部活动中形成的党的根本工作路线。坚持党的群众路线，是党在长期革命和建设中制胜的法宝，要在新形势下发扬光大，要把解决好群众的利益问题作为坚持群众路线的重要内容，维护好群众的合法利益。

2. 独立自主：独立自主就是坚持独立思考，走自己的路，就是坚定不移地维护民族独立、捍卫国家主权，把立足点放在依靠自己力量的基础上，同时积极争取外援，开展国际经济文化交流，学习外国一切对我们有益的先进事物。独立自主是中华民族的优良传统，是中国共产党、中华人民共和国立党立国的重要原则，是我们党从中国实际出发、依靠党和人民力量进行革命、建设、改革的必然结论。

【经典语录】

1. 但我所说的中国革命高潮快要到来，决不是如有些人所谓"有到来之可能"那样完全没有行动意义的、可望而不可即的一种空的东西。它是站在海岸遥望海中已经看得见桅杆尖头了的一只航船，它是立于高山之巅远看东方已见光芒四射喷薄欲出的一轮朝日，它是躁动于母腹中的快要成熟了的一个婴儿。

——中共中央文献编辑委员会编，《毛泽东著作选读》（上册），人民出版社，

1986年

2. 讲到长征，请问有什么意义呢？我们说，长征是历史纪录上的第一次，长征是宣言书，长征是宣传队，长征是播种机。

——中共中央文献编辑委员会编，《毛泽东著作选读》（上册），人民出版社，

1986年

专题三

新民主主义革命理论

◀▶

【专题导学】

一、学习目标

1. 了解近代中国国情，理解新民主主义革命理论的形成是对中国革命实践的概括和总结。

2. 牢记并掌握新民主主义革命的总路线和基本纲领。

3. 掌握新民主主义革命道路的基本内容。

4. 理解新民主主义革命的三大法宝——统一战线、武装斗争、党的建设对中国革命的重要性及相互关系。

二、重点和难点

（一）重点

1. 熟悉和掌握1840年鸦片战争以来，特别是1919年五四运动以来至1949年中华人民共和国建立这一历史阶段的中国相关重大历史事件，了解当时中国的基本国情、时代特征、历史使命。

2. 旧民主主义革命和新民主主义革命的异同，主要包括革命对象、动力、前途、性质、步骤、纲领、道路等。

3. 新民主主义革命的总路线和基本纲领。

4. 中国革命道路"农村包围城市，武装夺取政权"的艰难选择。

5. 新民主主义革命的三大法宝及其相互关系和重要意义。

（二）难点

1. 本专题所涉内容宏大，时间跨度长，历史事件多，历史人物多，在学习过程中，要注意近代中国国情和现在中国国情的巨大不同，切忌根据当前社会的社会形态、社会经验或影视剧作品去理解当时的时代特点，要多接触史料，深入了解历史背景和当时的真实情况，尤其是广大人民群众的生存状态。在此基础上，深入分析为什么中国人民的敌人是"三座大山",中国旧的政治力量为什么不能挽救中华民族的危局，为什么中国工人阶级会成为新民主主义革命的领导力量。

2. "没有共产党就没有新中国"的论证；三大法宝与中国特色社会主义建设的历史联系。

三、主要学习内容

（一）中国国情

1. 认清中国国情，是解决中国革命问题的基本前提。近代中国是一个半殖民地半封建性质的社会，这是近代中国最基本的国情。由这个基本国情决定，当时社会的主要矛盾是帝国主义和中华民族的矛盾、封建主义和人民大众的矛盾。

2. 近代中国半殖民地半封建的社会性质和主要矛盾，决定了中国社会的主要任务是民族独立、人民解放和国家富强、人民共同富裕，决定了革命的首要任务是推翻帝国主义、封建主义和官僚资本主义的统治，从根本上推翻反动腐朽的政治上层建筑，变革阻碍生产力发展的生产关系。

（二）新民主主义革命与旧民主主义革命

1. 以五四运动的爆发为标志，中国资产阶级民主革命进入新民主主义革命的崭新阶段。区分新、旧民主主义革命的根本标志是革命的领导权是掌握在无产阶级手中还是掌握在资产阶级手中。

2. 在新民主主义革命阶段，革命的领导力量是无产阶级及其先锋队——中国共产党，革命的指导思想是马克思列宁主义，革命的前途是社会主义而不是资本主义。以毛泽东为代表的中国共产党人在把马克思主义基本原理与中国革命实际相结合的进程中，善于总结革命的经验教训，在理论和实践上不断走向成熟。

（三）新民主主义革命纲领

1. 1948年，毛泽东在《在晋绥干部会议上的讲话》中完整地表述了新民主主义革命总路线的内容，即无产阶级领导的，人民大众的，反对帝国主义、封建主义和官僚资本主义的革命。

2. 新民主主义的政治纲领：推翻帝国主义和封建主义的统治，建立一个无产阶级领导的、以工农联盟为基础的、各革命阶级联合专政的新民主主义的共和国。

3. 新民主主义的经济纲领：没收封建地主阶级的土地归农民所有，没收官僚资产阶级的垄断资本归新民主主义的国家所有，保护民族工商业。

4. 新民主主义文化纲领：无产阶级领导的人民大众的反帝反封建的文化，即民族的、科学的、大众的文化。

（四）新民主主义革命的道路和三大法宝

1. 中国共产党在马克思主义指导下，立足中国国情，走出了一条不同于俄国十月革命的新民主主义革命道路，即农村包围城市、武装夺取政权的革命道路。走这条道路，根本在于处理好土地革命、武装斗争、农村革命根据地建设三者之间的关系。

2. 新民主主义革命的三大法宝是统一战线、武装斗争、党的建设。毛泽东系统论述了三者之间的关系，他指出，统一战线和武装斗争是中国革命的两个基本特点，是战胜敌人的两个基本武器，党的组织则是掌握这两个武器的英勇战士。

（五）新民主主义革命道路的意义

新民主主义革命理论，是以毛泽东为代表的中国共产党人，把马克思列宁主义基本原理同中国革命具体实践相结合，在认真总结中国革命实践经验的基础上形成的具有独创性的革命理论。

中国新民主主义革命的伟大胜利，是20世纪继俄国十月革命以后改变世界面貌的伟大历史事件，有力地鼓舞和推动了世界上被压迫民族和被压迫人民反抗帝国主义、殖民主义的斗争，极大地增强了他们反对帝国主义的信心，增强了世界人民争取和平的力量。

四、学习建议

本专题的学习可以采用自主探究、案例分析、交流讨论等学习方法。在同学们的学习过程中，有以下几点建议。

1. 要弄清楚新民主主义革命理论是时代的产物，适应新民主主义革命实践的需要，是以毛泽东为代表的共产党人在不断总结中国革命经验教训的基础上形成的。建议观看电视剧《井冈山》和《毛泽东》的部分片段，或阅读书籍《毛泽东选集》（第三、四卷）等，以增加对历史尤其是中国共产党在道路探索过程中的曲折性的认知。

2. 新民主主义革命的动力包括无产阶级、农民阶级、城市小资产阶级和民族资产阶级。要科学认识为什么无产阶级、农民阶级、城市小资产阶级和民族资产阶级是新民主主义革命的动力，特别是要正确理解各阶级在新民主主义革命的作用，认识到无产阶级的领导权是中国革命的中心问题，是新民主主义革命理论的核心问题。建议观看电视剧《井冈山》和《毛泽东》的部分片段，或阅读书籍《毛泽东选集》（第一、二卷）特别是《中国社会各阶级的分析》《星星之火，可以燎原》等篇章，可通过写读后感、观后感等形式，加深对课程主要内容和重大理论问题的理解并深入思考。

3. 要弄清楚新民主主义革命的性质不是社会主义革命，而是资产阶级民主革命；新民主主义革命与社会主义革命是互相联系、紧密衔接的，中间不容横插一个资产阶级专政；民主主义革命是社会主义革命的必要准备，社会主义革命是民主主义革命的必然趋势。建议观看电视剧《毛泽东》的部分片段，电影《开国大典》或阅读书籍《毛泽东选集》（第四卷）特别是《中国社会各阶级的分析》《星星之火，可以燎原》等篇章，以深入理解在中国革命成功的过程中农民阶级和中国民族资产阶级是如何一步步团结到中国共产党的旗帜之下的。

【歌曲赏析】

歌曲1：《黄河大合唱》之第七乐章《保卫黄河》

简介：《黄河大合唱》由光未然作词、冼星海作曲，1939年首次演唱，歌曲慷慨激昂，在中国抗日战争时起到鼓舞作用。1938年秋冬，张光年（诗人光未然）随抗日部队行军至大西北的黄河岸边。在欣赏到中国雄奇的山川，目睹了黄河船夫们与狂风恶浪搏斗的情景，聆听了高亢、悠扬的船工号子之后，他创作出朗诵诗《黄河吟》，并在除夕联欢会上朗诵此作。冼星海听后非常兴奋，表示要为抗敌演剧队创作《黄河大合唱》。两人共同写就了这一时代的中华民族的音乐史诗。整个作品包括八个乐章，分别是：《黄河船夫曲》《黄河颂》《黄河之水天上来》《黄水谣》《河边对口曲》《黄河怨》《保卫黄河》《怒吼吧，黄河》。

歌曲2：《三大纪律八项注意》

简介：《三大纪律八项注意》是一首革命传统歌曲。1928年，毛泽东向红军正式宣布"三大纪律六项注意"。三大纪律是：行动听指挥，不拿工人农民一点东西，打土豪要归公。六项注意是：上门板，捆铺草，说话和气，买卖公平，借东西要还，损坏东西要赔。1929年，六项注意又增加了两条：洗澡避女人和不搜俘虏腰包，发展成"三大纪律八项注意"。1947年10月，毛泽东起草《中国人民解放军总部关于重新颁布三大纪律八项注意的训令》，对其内容作了统一规定。这就是我军一直到现在还在执行的《三大纪律八项注意》。

【案例解析】

案例1：解放战争的启示——共产党人始终站在多数人利益一边

案例导读：

王树增是著名的军旅作家，他有一部名作《解放战争》。在作者看来，国民党失败、共产党胜利的原因有三点——解放战争的胜利是信仰的胜利；国民党的腐败堕落，导致了迅速垮台；解放战争的胜利，是人民选择的结果。

案例呈现：

国民党相当一部分高级将领，在抗日战争期间为民族做出了贡献，他们是能打仗、誓死不屈的，这样的例子有很多。但是在解放战争当中，被我们的普通小战士、甚至是民兵摁在地上活捉的国民党高级将领——少将级别以上的就有260多人。许多有名有姓的抗战名将就这么被我们生俘了，包括杜聿明、黄维等人。还有很多高级将领不是在战场上被俘虏的，而是逃出了战场，已经走出一两百里地了，居然被我们的民兵抓住。

解放战争打到中后期，许多国民党的将士都开始疑惑，自己究竟是为什么而战。战斗中，共产党每场打下来伤亡很大，但是越打人越多，渡江战役时共产党的军队达到了400多万人。

我查了一下渡江战役的详细部队构成，发现其中相当一部分连队百分之七八十是"解放战士"。什么叫"解放战士"？就是国民党俘虏，甚至有的连的干部、指挥员都是"解放战士"充当的。

最有意思的例子是辽沈战役。第一战打廖耀湘，在野地里俘虏了国民党士兵17万人，这是第一场大规模决战，第一次就抓那么多人，共产党的政工干部都不知如何是好。

按照政工条例，抓了俘虏是要甄别的。但是17万人怎么甄别？最后没有办法，就在野地里拿松树条搭了一个门，上面贴了三个字"解放门"，愿意跟着共产党部队参军的，从这个门走过来，不愿意的从门边上走，给两块大洋的路费，让他们回家种地去。最后，有三分之二的国民党士兵从门里面走过来。我们的政工干部就在门边握手欢迎。

解放战争另一个重要的胜利原因在于土地改革。我查到当时土改的一份文件，很惊讶。其中有一个条款很有意思，是这样写的："在分土地的时候，如果本村有在国民党军队服役、现役的官兵家人，一视同仁，一样分地。"

——摘自"昆仑策网"

思考解答：
新民主主义革命的道路是什么？根据案例分析这一革命道路的依据是什么。

_____

_____

_____

_____

案例2：《光辉历程》之《星星之火，可以燎原》
案例导读：
该片是中央电视台新闻频道于2016年中国共产党建党95周年推出的《光辉历程》专栏系列中的一集。1927年9月下旬，毛泽东带领秋收起义部队开辟了中国第一块红色根据地——井冈山革命根据地，革命的星星之火，就从井冈山开始，势不可挡地发展成了燎原之势。

案例呈现：

http://tv.cctv.com/2016/06/14/VIDE6dFgUUvXZk3g2wAlQu
M8160614.shtml

思考解答：

根据该片中的内容，结合历史和教材，你认为中国革命走了一条怎样的道路，中国革命有了怎样的前途？

_____

_____

_____

_____

【 "四史" 记忆 】

遵义会议

1934年，在博古、李德的错误指挥下，中央苏区的第五次反"围剿"失败了，中央红军被迫长征。在经历了湘江战役的重大失败后，中央红军已经到了生死存亡的紧急关头。

占领贵州重镇遵义后，中央红军得到了难得的喘息之机。1935年1月15日，中共中央在遵义召开政治局扩大会议。会议的主要议题是总结第五次反"围剿"的经验教训。会议经过激烈的争论，通过了《中共中央关于反对敌人五次"围剿"的总结决议》，决议肯定了毛泽东关于红军作战的基本原则，否定了博古关于第五次反"围剿"的总结报告。会议取消博古、李德的最高军事指挥权，增选了毛泽东进入中央领导机构。

会后，党中央重新进行了分工：由张闻天代替博古负总责，毛泽东、周恩来负责军事。在行军途中，又成立了由毛泽东、周恩来、王稼祥组成的三人军事指挥小组，负责长征中的军事指挥工作。至此，遵义会议以后的中央组织整顿工作大体完成。

遵义会议结束了王明"左"倾机会主义路线在党中央的统治，确立了以毛泽东为代表的新的中央正确领导，把党的路线转到了马克思列宁主义的轨道上来。遵义会议，在中国革命的危急关头，挽救了党，挽救了红军，挽救了中国革命，是我党历史上一个生死攸关的转折点。遵义会议是中国共产党第一次独立自主地运用马列主义基本原理解决自己的路线、方针和政策的会议。它是中国共产党从幼年的党走向成熟的党的标志。从此，中国革命就在毛泽东为代表的正确路线指引下走上胜利发展的道路。

——中共中央党史研究室著，《中国共产党简史》，中共党史出版社，2001年

李捷、王顺生主编，《中国近现代史纲要》，高等教育出版社，2015年

【阅读书目推荐】

金一南.苦难辉煌[M].北京：华艺出版社，2009.

简介：该书联系苏联社会主义革命、共产国际活动以及日本军国主义兴起等国际背景，从有重大影响的政治力量、政治事件、政治人物入手，对20世纪二三十年代中国社会错综复杂、恢宏壮阔的历史进程，进行了全景式的揭示和剖析，展现了毛泽东等老一辈无产阶级革命家在极其困难的环境下，建立红色政权、率领红军进行战略转移的伟大壮举，展现了中国共产党领导人民进行革命战争的正义、艰辛和伟大。

该书视野开阔、思路新颖、文笔生动，运用了许多鲜为人知的史料，在许多重大事件上做了独特的解读和分析，对于加深人们对中国革命艰巨性、复杂性的认识，激励党员干部牢记革命先驱的不朽功绩和崇高精神，进一步弘扬党的优良传统，坚定正确的理想信念，具有积极意义。

【经典视频推荐】

电影：《东方红》

简介：影片选择了各个革命阶段最有代表性的典型事件，以歌舞的形式，概括地表现了中国人民在中国共产党和毛泽东同志的领导下，进行的反帝、反封建、反官僚主义，从苦难走向胜利的艰苦卓绝的革命斗争历程，是一部反映中国人民谋求解放的历史缩影的史诗性巨片。电影《东方红》的拍摄，对1964年的舞台演出版本进行了必要的删减。只选取了舞台剧原有八场中的序幕"东方红"和前六场的"东方的曙光""星火燎原""万水千山""抗日的烽火""埋葬蒋家王朝""中国人民站起来"，而后两场的"祖国在前进"和"世界在前进"，则遵照毛泽东的意见，没有收入电影画面中。

视频链接：

https://www.mgtv.com/b/326296/4624821.html?cxid=95kqkw8n6

【理论小贴士】

1. 近代中国的两大历史任务：近代中国的基本国情是一个半殖民地半封建性质的

社会，由这个基本国情决定了当时社会的主要矛盾是帝国主义和中华民族的矛盾、封建主义和人民大众的矛盾，决定了近代以来中华民族始终面临着两大历史任务：一是求得民族独立和人民解放，二是实现国家繁荣富强和人民共同富裕。新民主主义革命基本完成了近代以来中华民族的第一大历史任务，并为实现第二大历史任务创造了前提，开辟了道路。

2. "左"倾教条主义：是指1931年1月至1935年1月在中国共产党内部以王明为代表的共产国际派完全照搬苏联革命经验而在党内推行的一整套不切合实际情况的错误路线。表现为：政治上一味排斥和打压打击中间势力，路线上坚持"城市中心论"，在党内大搞"残酷斗争、无情打击"方针，军事上不顾敌强我弱的现实，推行"军事冒险主义"，失败后又变为保守主义和逃跑主义。"左"倾教条主义在党内占主导地位达四年之久，使中国共产党及其领导的中国革命又一次陷入困境，中央苏区第五次反"围剿"失败，中央红军被迫长征。

【经典语录】

1. 谁是我们的敌人？谁是我们的朋友？这个问题是革命的首要问题。中国过去一切革命斗争成效甚少，其基本原因就是因为不能团结真正的朋友，以攻击真正的敌人。

——毛泽东著，《毛泽东选集》（第一卷），人民出版社，1991年

2. 这里用得着中国的一句老话："星星之火，可以燎原。"这就是说，现在虽只有一点小小的力量，但是它的发展会是很快的。它在中国的环境里不仅是具备了发展的可能性，简直是具备了发展的必然性，这在五卅运动及其以后的大革命运动已经得到了充分的证明。

——毛泽东著，《毛泽东选集》（第一卷），人民出版社，1991年

专题四

社会主义改造理论

【专题导学】

一、学习目标

1. 了解新民主主义社会的过渡性质，理解新民主主义向社会主义过渡的历史必然性。

2. 理解选择社会主义工业化道路的必然性。

3. 掌握过渡时期总路线的具体内容和社会主义改造道路的内容。

4. 理解社会主义制度在中国确立的历史意义。

二、重点和难点

（一）重点

1. 了解新民主主义社会的性质、特点和主要矛盾，掌握社会主义改造的历史必然性和过渡时期总路线的具体内容。

2. 了解社会主义改造的具体内容，重点掌握对农业和资本主义工商业的社会主义改造，掌握社会主义改造的历史经验。

3. 了解社会主义制度在中国的确立以及确立的历史意义，从情感上高度认同社会主义方向，坚定社会主义信念，拥护社会主义制度。

（二）难点

1. 新民主主义社会的性质。

2. 我国社会主义改造的历史必然性。

3. 资本主义工商业社会主义改造的过程。

三、主要学习内容

（一）新民主主义社会是一个过渡性的社会

1. 从中华人民共和国成立到社会主义改造基本完成，是我国从新民主主义到社会主义的过渡时期。这一时期，我国社会的性质是新民主主义社会。新民主主义社会不是一个独立的社会形态，而是由新民主主义向社会主义转变的过渡性社会形态。

2. 在新民主主义社会中，存在着五种经济成分，即社会主义性质的国营经济、半社会主义性质的合作社经济、农民和手工业者的个体经济、私人资本主义经济和国家资本主义经济。其中，半社会主义性质的合作社经济是个体经济向社会主义集体经济过渡的形式，国家资本主义经济是私人资本主义经济向社会主义国营经济过渡的形式。

3. 与新民主主义时期三种不同性质的主要经济成分相联系，中国社会的阶级构成主要是工人阶级、农民阶级和其他小资产阶级、民族资产阶级等基本的阶级力量。

（二）党在过渡时期的总路线及其理论依据

1. 从中华人民共和国成立，到社会主义改造基本完成，这是一个过渡时期。党在这个过渡时期的总路线和总任务，是要在一个相当长的时期内，逐步实现国家的社会主义工业化，并逐步实现国家对农业、手工业和资本主义工商业的社会主义改造。

2. 党在过渡时期总路线的主要内容被概括为"一化三改"。"一化"即社会主义工业化，"三改"即对个体农业、手工业和资本主义工商业的社会主义改造。它们之间相互联系、不可分离，可以比喻为鸟的"主体"和"两翼"。其中，"一化"是"主体"，"三改"是"两翼"，两者相辅相成、相互促进。这是一条社会主义建设和社会主义改造并举的路线，体现了社会主义工业化和社会主义改造的紧密结合，体现了解放生产力与发展生产力、变革生产关系与发展生产力的有机统一。

（三）适合中国特点的社会主义改造道路

1. 对农业的社会主义改造道路：第一，积极引导农民组织起来，走互助合作道路。第二，遵循自愿互利、典型示范和国家帮助的原则，以互助合作的优越性吸引农民走互助合作道路。第三，正确分析农村的阶级和阶层状况，制定正确的阶级政策。第四，坚持积极领导、稳步前进的方针，采取循序渐进的步骤。

2. 对手工业的社会主义改造，党和政府采取了积极领导、稳步前进的方针。

3. 资本主义工商业的社会主义改造。第一，用和平赎买的方法改造资本主义工商业。第二，采取从低级到高级的国家资本主义的过渡形式。对资本主义工商业的社会主义改造经历了三个步骤：第一步主要实行初级形式的国家资本主义，这些企业的利润，按国家所得税、企业公积金、工人福利费、资方红利这四个方面进行分配，即当时所说的"四马分肥"；第二步主要实行个别企业的公私合营；第三步是实行全行业的公私合营。第三，把资本主义工商业者改造成为自食其力的社会主义劳动者。

（四）社会主义改造的历史经验

1. 坚持社会主义工业化建设与社会主义改造并举。

2. 采取积极引导、逐步过渡的方式。

3. 用和平方法进行改造。

（五）社会主义基本制度的确立及其重大意义

1. 1956年底，我国对农业、手工业和资本主义工商业的社会主义改造的基本完成，标志着中国历史上长达数千年的阶级剥削制度的结束，社会主义基本制度在我国初步确立。

2. 社会主义基本制度的确立是中国历史上最深刻、最伟大的社会变革，为当代中国一切发展进步奠定了制度基础，也为中国特色社会主义制度的创新和发展提供了重要前提。

3. 社会主义基本制度的确立，极大地提高了工人阶级和广大劳动人民的积极性、创造性，极大地促进了我国社会生产力的发展，初步显示了社会主义的优越性。中国社会主义基本制度的确立，使占世界人口1/4的东方大国进入了社会主义社会，这是世界社会主义发展史上又一个历史性的伟大胜利。社会主义基本制度的确立，是以毛泽东为主要代表的中国共产党人对一个脱胎于半殖民地半封建的东方大国如何进行社会主义革命问题的系统回答和正确解决，是马克思列宁主义关于社会主义革命理论在中国的正确运用和创造性发展的结果。它不仅再次证明了马克思列宁主义的真理性，而且以其独创性的理论原则和经验总结丰富和发展了科学社会主义理论。

四、学习建议

本专题的学习可以采用自主探究法、问题导向法、案例分析法等学习方法。

1. 要正确理解我国20世纪50年代走社会主义道路的历史必然性。从理论基础上看，依据的是马克思列宁主义关于过渡时期的理论与实践。新民主主义社会不是一个独立的社会形态，而是由新民主主义向社会主义转变的过渡性的社会形态。从社会基础上看，广大人民群众心向社会主义，这为中国走向社会主义发展道路奠定了强大的社会基础。从现实条件上看，在我国新民主主义社会中，社会主义的因素不论在经济上还是政治上都已经居于领导地位，加上当时有利于发展社会主义的国际条件，为了促进社会生产力的进一步发展，实现国家富强、民族振兴，我国新民主主义社会必须适时地逐步过渡到社会主义社会。建议阅读马克思和列宁的相关文章，以深入了解马克思和列宁对这一问题的思考和阐述。

2. 要准确理解社会主义改造与社会主义工业化的关系，社会主义改造既是生产关系方面的改造，也是解放生产力和发展生产力的现实需求。建议观看电视纪录片《大国崛起》，首先了解世界主要资本主义国家完成工业化的历史进程，在此基础上，明确中国要实现第二个历史任务就必须实现工业化和现代化，进而思考中国实现工业化所需要的资金和市场条件应如何实现。

3. 带着疑问学习和思考：为什么说新民主主义社会是一个过渡性的社会？为什么

说新民主主义社会过渡到社会主义是历史的必然？为什么说社会主义改造道路是适合我国国情的？如何理解社会主义改造和社会主义改革的关系？20世纪50年代中国共产党领导的社会主义改造是为了将非公有制变为社会主义的公有制。而今天，同样是共产党领导的社会主义国家却在改革开放中鼓励、支持和引导非公有制经济发展，这是为什么？建议从了解中华人民共和国成立后经济恢复时期和社会主义改造时期的历史入手，通过观看影像资料，如电视剧《换了人间》《毛泽东》、百家讲坛系列讲座《党史故事100讲》（2019-06-30—2019-07-06），阅读历史书籍，写读后感、观后感等形式，加深对课程主要内容和重大理论问题的理解。

【歌曲赏析】

歌曲1：《社会主义好》

简介：《社会主义好》是20世纪50年代非常流行的革命歌曲，由希扬作词、李焕之作曲。歌曲进行速度、旋律奋发激昂，高度颂扬了共产党、毛主席领导下的中国掀起了社会主义建设高潮的繁荣景象，同时唱出了全国人民跟共产党走社会主义道路的坚强决心。

歌曲2：《歌唱祖国》

简介：这首歌曲创作于20世纪50年代，由王莘作词、作曲，是一首爱国歌曲。歌曲由主歌、辅歌、主歌再现组成。歌曲结构严谨，简洁明快，既通俗易懂，又朗朗上口，将中华人民共和国诞生的壮丽画卷勾画得淋漓尽致。

【案例解析】

案例1：代表"整个国家形象"的"穷棒子社"

案例导读：

在国家对农业的社会主义改造中，河北遵化西铺村"穷棒子社"艰苦创业的生动事迹得到了毛泽东的高度赞扬。1956年1月，由毛泽东主持编纂的《中国农村的社会主义高潮》一书，收入《书记动手，全党办社》和《勤俭办社》这两篇文章。其中《书记动手，全党办社》作为首篇收录，毛泽东对这篇文章做了多处文字修改，并写了编者按。按语指出："遵化县的合作化运动中，有一个王国藩合作社，23户贫农，只有三条驴腿，被人称为'穷棒子社'。他们用自己的努力，在三年时间内，'从山上取来'了大批生产资料，使得有些参观的人感动得落泪。我看这就是我们整个国家的形象。难道六万万穷棒子不能在几十年内，由于自己的努力，变成一个社会主义的又富又强的国家吗？社会的财富是工人、农民和劳动知识分子自己创造的。只要这些人掌握了自己的命运，又有一条马克思列宁主义的路线，不是回避问题，而是用积极的态度去解决问题，任何人间的困难总是可以解决的。"

案例呈现：

在全国农业合作化运动中，遵化县西铺村王国藩合作社以其组织起来勤俭创业的非凡业绩，被毛泽东誉为"我们整个国家的形象"，成为全国农业合作化运动中的一面旗帜。

遵化县西铺村是个拥有145户人家的山村。1950年，分得土地的西铺村农民，在遭受1949年的水灾之后，面临重新讨饭的痛苦局面。在这种情况下，党和政府十分关心西铺村农民，1951年初，遵化县委派人到西铺村，在党内传达了中央《关于农业生产互助合作的决议（试行草案）》，由此拉开了西铺村互助合作运动的序幕。1951年春，全村建起11个互助组。至1952年年初，全村80%的农户参加了互助组。同年秋，王国藩带领本村23户贫农办起了初级社。当时这23户都是村里最穷的，全社230亩土地，没有车辆、农具和生产资料，只有四分之一到三十分之一的若干个"驴股"凑起来仅够四分之三头驴，故被讥讽为"三条驴腿"的"穷棒子社"，但他们人穷志不穷，不怕被人讥笑，坚持白手起家、勤俭办社。建社初期，为解决资金问题，全社19名壮劳力冒着严寒，到30里外的迁西县王寺峪一带砍山柴4万多斤，收入430多元，购置了一辆铁轮车、1头牛、1头骡、19只羊和一部分农具，解决了社内生产的迫切需要，渡过了难关。以后，"穷棒子社"始终坚持勤俭经营、量力而行、开源节流、优先发展生产的方针，到1953年秋农业大丰收，粮食平均亩产127公斤。扣除集体提留，每户平均分得粮食700多公斤、现金190多元，较单干增加60%的收入，公共积累达2 400多元，突破了西铺村历史上的最高产量，合作社的经济条件显著好转，社外的农民包括中农纷纷申请入社，原来被人讥笑的"穷棒子社"由23户发展到83户，耕地由230亩扩大到930亩，"穷棒子社"改名为"西四十里铺建明初级农林牧生产合作社"。扩充后的农业社，实行小部分社内急需折价归社，大部分牲口等生产资料仍归个人所有的办法，继续坚持勤俭办社的方针，积极兴修水利，改良土壤，增施肥料。到1954年秋，建明社可谓双喜临门，农林牧副各业增收，合作社又扩充增员，由83户发展到全村共有的148户，土地扩大到1 900多亩，实现了全村合作化。到1955年，经过社员的共同努力，昔日的"穷棒子社"发展到集体收入达526万元，比1953年增长67倍，并为国家交售了余粮，充分体现了合作化的优越性。

——摘自河北共产党员网，2018年9月11日

思考解答：

结合案例，进一步明确国家对农业社会主义改造的方式、原则、步骤和意义。

_____

_____

_____

_____

案例2：社会主义改造中的红色资本家荣毅仁

案例导读：

荣毅仁，1957年曾被陈毅誉为"红色资本家"，江苏无锡人，出生于富甲一方的豪门望族。1949年上海解放时，作为著名的资本家，面对未知的命运，他毅然选择留在上海。在社会主义改造的过程中，他率先交出自己的产业。该片记录了荣毅仁在1956年社会主义改造的经历。

案例呈现：

http://jishi.cntv.cn/humhis/jiangnanjiyi/classpage/
video/20100203/100996.shtml

思考解答：

资本主义工商业的社会主义改造主要采取了什么政策？主要经验是什么？

_____

_____

_____

_____

【"四史"记忆】

上海工商界庆祝公私合营完成

1953年，中央政治局会议正式提出过渡时期的总路线和总任务后，社会各界开始了社会主义改造的进程。在各大城市，也开始有计划、有步骤地对资本主义工商业开展社会主义改造。

经过了长时间的动员和工作，1955年10月，上海市有轻工业8个行业、重工业13个行业实行全行业公私合营。1956年1月3日，上海市私营工商业者家属代表会议通过了《告全市工商界家属书》，号召全市工商界姐妹"必须看清楚国家的前途，积极接受改造，坚决走社会主义道路，这样才能与全国人民一道获得幸福美满的生活。"1月14日，中共上海市委召开工商界人士座谈会，荣毅仁等要求加快公私合营的速度；

"我们要最快地在一个星期内争取全市公私合营。"1月15日，上海工商界召开临时代表会议。通过的决议，要求在6天内完成全市资本主义工商业公私合营的申请。16日，民建上海分会举行全体成员大会，号召全体成员积极行动起来，站到运动的最前列，迎接高潮。20日，上海市各界在中苏友好大厦举行隆重集会，全市各行各业2 500多人参加了会议。民建上海分会主任委员盛丕华双手捧着红木镶边缎面精装的上海市资本主义工商业公私合营申请书，民建成员、工商界著名人士刘靖基、刘念义、经叔平、陈铭珊、王兼士、刘公诚、吴振珊、韩志明8人抬着4只扎彩的红漆条箱，里面放着用红布包裹的各行各业要求全行业公私合营的申请书走在最前面，民建上海分会副主任委员胡厥文、荣毅仁和全体代表迈着整齐的步伐进入会场。盛丕华代表全市工商业者向大会递交申请书，曹荻秋副市长代表陈毅市长签字盖章，批准了全市85个工业行业的35 163户企业和120个商业行业的71 111户企业的公私合营。至此，上海市全行业公私合营完成。

1956年1月21日，上海市50万人在人民广场集会，庆祝社会主义改造胜利。上海市工商业完成社会主义改造，在全国起到了示范作用，使中国社会主义改造进程大大加快，远远超出了国家原来的计划。

——民建中央宣传部主编，《中国民主建国会简史》，民主与建设出版社，2010年

【阅读书目推荐】

毛泽东.毛泽东文集（第六卷）[M]. 北京：人民出版社，1999.

简介：《毛泽东文集》是继《毛泽东选集》之后的又一部体现毛泽东思想科学体系的综合性的多卷本毛泽东著作集，弥补了毛泽东在社会主义时期的著作没有文集这个空缺。这部文集的编辑工作从1992年开始，至1999年全部完成，历时八年。《毛泽东文集》共八卷，由人民出版社出版，分三次陆续出齐。本卷收集了1949年10月至1955年12月毛泽东的著作。

【经典视频推荐】

电视剧《特赦1959》

简介：该剧讲述了1959年中华人民共和国首次特赦反革命罪犯和刑事罪犯共12 082名、战犯33名这一重大历史事件的故事。

1949年解放战争结束后，被捕的蒋介石集团高级将领被集中到功德林战俘管理所进行改造。随着抗美援朝战争、社会主义改造和社会主义建设取得一系列成绩，在管理人员人格上的平等对待和如沐春风的马克思主义理论教化之下，这些国民党的高级

战犯也经历了一场精神上的脱胎换骨。

视频链接：

http://tv.cctv.com/2019/07/29/VIDEMMjRyvVG2fRKj9y71
CS1190729.shtml

【理论小贴士】

1. "一化三改"：1953年的过渡时期总路线，其主要内容为"要在一个相当长的时期内，逐步实现国家的社会主义工业化，并逐步实现国家对农业、手工业和资本主义工商业的社会主义改造。"过渡时期总路线是革命和建设并举的路线，"一化"是主体，"三改"是两翼，二者互相关联而不可分离。

2. "四马分肥"：1953年国家对资本主义工商业社会主义改造期间，对民族资本主义企业的利润分配形式的形象的说法，指企业利润按国家征收的所得税金、企业公积金、职工福利奖金和资方的股息红利四部分分配。1956年全行业公私合营后，资方的股息红利被定息代替。

【经典语录】

1. 中国的革命是伟大的，但革命以后的路程更长，工作更伟大，更艰苦。这一点现在就必须向党内讲明白，务必使同志们继续地保持谦虚、谨慎、不骄、不躁的作风，务必使同志们继续地保持艰苦奋斗的作风。

——毛泽东著，《毛泽东选集》（第四卷），人民出版社，1991年

2. 我们有充分的信心，克服一切艰难困苦，将我国建设成为一个伟大的社会主义共和国。

我们正在前进。

我们正在做我们的前人从来没有做过的极其光荣伟大的事业。

我们的目的一定要达到。

我们的目的一定能够达到。

——毛泽东在中华人民共和国第一次全国人民代表大会第一次会议上的开幕词
《为建设一个伟大的社会主义国家而奋斗》，1954年9月15日

专题五

社会主义建设道路初步探索的理论成果

【专题导学】

一、学习目标

1. 深刻理解中国特色社会主义道路的形成是一个长期、艰难曲折的摸索过程。

2. 把握以毛泽东同志为核心的党的第一代中央领导集体进行社会主义建设道路初步探索所取得的独创性重要理论成果，它为我们在新的历史时期开创中国特色社会主义提供了宝贵经验、理论准备和物质基础，进一步坚定了"四个自信"。

3. 掌握改革开放前我国社会主义建设的基本历史知识，了解毛泽东关于如何在"一穷二白"的东方大国建设社会主义的重要著作。

4. 联系改革开放以来我国从富起来到强起来的历史巨变和现实，深刻理解和阐明社会主义建设道路初步探索的理论成果的重大意义。

二、重点和难点

（一）重点

1. 理解和掌握"调动一切积极因素为社会主义事业服务""正确认识和处理社会主义社会矛盾的思想""走中国工业化道路的思想"等社会主义建设道路初步探索所取得的理论成果。

2. 理解和掌握党在社会主义建设道路初步探索的重要意义和经验教训。

（二）难点

以"两个互不否定"的思想为指引，正确认识和理解改革开放前后两个历史时期的关系。

三、主要学习内容

（一）以苏联的经验教训为借鉴

1. 新中国成立初期，我们的很多东西都是学习苏联的，但并没有全部照搬。苏联片面强调重工业建设，忽视轻工业和农业，而我们对于农业和轻工业是比较注重的。在处理国家和工厂、合作社的关系，工厂、合作社和生产者个人的关系等问题上，我们也有自己的特点。

2. 毛泽东提倡要进行"第二次结合"，找出在中国进行社会主义建设的正确道路。从1958年起，我们确立了"自力更生为主、争取外援为辅"的方针。

（二）初步探索的重要理论成果

1. 调动一切积极因素为社会主义事业服务。

这一理论成果主要体现在《论十大关系》报告中，《论十大关系》标志着党探索中国社会主义建设道路的良好开端。《论十大关系》确定了一个基本方针，就是"努力把党内党外、国内国外的一切积极的因素，直接的、间接的积极因素全部调动起来"，为社会主义建设服务。

2. 正确认识和处理社会主义社会矛盾的思想。

这主要体现在毛泽东1957年2月所作的《关于正确处理人民内部矛盾的问题》报告中。毛泽东关于社会主义社会矛盾的学说，科学地揭示了社会主义社会发展的动力，以独创性的内容丰富了马克思主义理论宝库。为正确处理社会主义社会各种矛盾、创造良好的社会环境和政治环境，提供了基本的理论依据，也为后来的社会主义改革奠定了理论基础。

3. 走中国工业化道路的思想。

毛泽东提出了一整套"两条腿走路"的工业化发展思路，即重工业和轻工业并举，中央工业和地方工业并举，沿海工业和内地工业并举，大型企业和中小型企业并举等。

（三）初步探索的意义和经验教训

1. 党领导人民探索社会主义建设道路具有重要的历史和现实意义。

它巩固和发展了我国的社会主义制度，为开创中国特色社会主义提供了宝贵经验、理论准备、物质基础，它丰富了科学社会主义的理论和实践。

2. 初步探索留下了深刻的经验教训。

必须始终毫不动摇地坚持实事求是的思想路线，把马克思主义与中国实际相结合，探索符合中国特点的社会主义建设道路；必须正确认识、始终牢牢抓住社会主义社会的主要矛盾和根本任务不放松，集中力量发展生产力；必须发展社会主义民主，健全社会主义法制；必须坚持党的民主集中制和集体领导制度，加强执政党建设；必须实行对外开放政策，借鉴和吸收人类文明成果建设社会主义，不能关起门来搞建设。

四、学习建议

1. 建议通过观看《艰辛探索》(《我们走在大路上》第七集)、《毛泽东和中共八大》《第一个五年计划》《苏共二十大》，电影《横空出世》等视频资源，了解社会主义建设道路初步探索时期取得的理论成果。"调动一切积极因素为社会主义事业服务""正确认识和处理社会主义社会矛盾的思想""走中国工业化道路的思想"等形成的历史背景、主要内容和经验教训。

2. 建议通过阅读《毛泽东传(1949—1976)》《关于建国以来党的若干历史问题的决议》《习近平谈治国理政》等书籍资料,深刻理解我们党领导社会主义建设道路初步探索的重要意义、重大理论成果、伟大成就和经验教训。

3. 建议以小组为单位重点阅读《论十大关系》《关于正确处理人民内部矛盾的问题》和教材"走中国工业化道路的思想"内容,并联系当前我国经济社会发展实际,共同解析这些理论成果的重要内涵和意义。以小组为单位共同学习、领会习近平总书记2018年12月18日在庆祝改革开放40周年大会上的重要讲话精神,共同围绕"如何看待我们党对社会主义建设道路的初步探索""如何理解改革开放前后两个历史时期的关系"问题进行研讨分析,以加深对本专题重点和难点内容的理解。

【歌曲赏析】

歌曲1:《我的祖国》

简介:《我的祖国》是由乔羽填词、刘炽谱曲,为电影《上甘岭》创作的主题歌,作于1956年夏。最初给这首歌定名为《一条大河》,发表时被编辑改成《我的祖国》。影片《上甘岭》反映的是在抗美援朝战争中最为激烈的一次战役,中国人民志愿军在极其艰苦的条件下奋勇杀敌的英雄事迹。这首主题歌唱出志愿军战士对祖国、对家乡的无限热爱之情和英雄主义气概。歌词真挚朴实,亲切生动。

歌曲2:《我们走在大路上》

简介:《我们走在大路上》是由李劫夫于1962—1963年作词、谱曲的一首红色经典歌曲。这是一首鼓舞人们士气的歌曲。当时,共和国刚刚告别艰辛、苦痛的三年困难时期,这首雄壮、高昂的歌曲正是那个时代最强音的能动反映,是中国人民矢志战胜天灾人祸、发愤图强、自力更生地建设社会主义的心曲与战歌。

【案例解析】

案例1:长春一汽第一辆国产解放牌汽车下线

案例导读:

建设自己的汽车工业是数代中国人的梦想,中华人民共和国成立后,这一愿望更加强烈。1950年毛主席访问苏联期间,中苏双方商定,由苏联援助中国建设第一个载重汽车厂。同年4月,重工业部成立汽车工业筹备组,开始了紧张的筹建工作。在大量调查研究和反复比较基础上,中央财经委员会批准第一汽车制造厂在吉林省长春市兴建。

案例呈现：

1953年毛主席签发《中共中央关于力争三年建设长春汽车厂的指示》。建设汽车制造厂还作为我国首批重点工程被列入第一个五年计划。同年7月15日，第一汽车制造厂奠基典礼在长春市西南的孟家屯附近举行。毛主席亲笔题词的"第一汽车制造厂奠基纪念"汉白玉基石被安置在场地中心。

一汽的建设，凝结着全国人民的心血和汗水。在建厂时期，全国各地为一汽输送了大量干部和技术工人，培训了大批的青年工人。以建筑五师、机电安装公司为代表的两万多名建设队伍，成为一汽建设工地的主力军。每天都有物资源源不断运到第一汽车制造厂建设工地。建厂期间，苏联也为我国提供了全套的产品设计和图纸资料，并派遣了一批有经验的专家来厂指导。

1956年7月13日，在长春第一汽车制造厂崭新的总装线上，被毛主席命名为"解放"牌的第一辆汽车试制成功。在欢声笑语和雷鸣般的掌声中，首批12辆解放牌汽车缓缓驶下装配线。这标志着第一汽车制造厂的三年建厂目标如期达到，也结束了中国不能批量制造汽车的历史。

——摘自中国政府网，2009年8月27日

思考解答：

结合案例和专题内容，谈谈怎样理解毛泽东关于走中国工业化道路的思想？

_____

_____

_____

_____

案例2：和平年代的盛会——中共八大

案例导读：

就党的历届代表大会对党的历史发展影响而言，中共八大不但对中华人民共和国成立后前30年的发展，而且对党的历史发展都具有里程碑意义。中共八大的召开标志着中国进入了全面建设社会主义的历史时期。

案例呈现：

https://v.qq.com/x/cover/nt142ie2vdgai0g/7393XiKBZLr.html

思考解答：

结合视频案例和本专题内容，思考如何认识我们党对社会主义建设道路初步探索的重大意义。

_____

_____

_____

_____

【 "四史" 记忆 】

三线建设

三线建设是中共中央和毛泽东主席于20世纪60年代中期作出的一项重大战略决策。它是在当时国际局势日趋紧张的情况下，为加强战备，防止我国工业化进程被再一次打断，逐步改变我国生产力布局的一次由东向西转移的战略大调整，建设的重点在西南、西北。

三线建设用20年时间在中国中西部地区建设了2 000多家现代工矿业企业及科研院所。攀枝花、六盘水、十堰、德阳等一大批新兴工业城市，在荒原山沟里拔地而起。成都、重庆、西安、兰州、贵阳、安顺、遵义等一大批古老的城镇，在注入工业化能量后，缩小了与东部发达工业城市的差距。数百万建设者为此挥洒了汗水，奉献出青春。这种史无前例的工业化建设，在当代中国，是难以想象的行为。

三线建设为新世纪的重大国家战略西部大开发奠定了深厚的工业基础，为我国留下的物质遗产，至今仍是我国实施西部大开发、推行"一带一路"的基础，可以说，三线建设就是西部大开发的"前奏曲"。

【 阅读书目推荐 】

毛泽东.人的正确思想是从哪里来的? [M].北京:人民出版社,1964.

简介：该书是毛泽东关于辩证唯物主义认识论问题的重要单篇著作之一，写于1963年5月。原文为毛泽东修改《中共中央关于目前农村工作中若干问题的决定(草案)》（即"前十条"）时增写的一段文字，后来单独作为一篇文章发表。毛泽东在文章中批驳了认识论根源上的唯心主义观点，阐述了辩证唯物主义认识论的基本原理和学习辩证唯物主义认识论的重要意义，对主观与客观、物质与精神，特别是实践与认识的关系作了辩证的说明，坚持了《实践论》的思想原则。

【经典视频推荐】

大型文献专题片《我们走在大路上》第七集《艰辛探索》

简介：《我们走在大路上》以习近平新时代中国特色社会主义思想为指导，把70年来中国共产党带领全国各族人民进行社会主义革命、建设、改革取得的辉煌成就和宝贵经验作为主线，坚持"政论情怀、故事表达"风格歌唱祖国、礼赞时代，深入反映共和国筚路蓝缕一路走来的感人故事和重要事件，倾情呈现亿万人民在社会主义道路上不懈奋斗谱写的壮丽史诗，充分展现中华民族从站起来、富起来到强起来的伟大飞跃，是全方位了解新中国发展的一部优秀作品。

第七集主要内容：毛泽东发表《论十大关系》，对社会主义建设道路的探索形成初步的系统思路。中共八大的召开，标志中国进入了全面建设社会主义的时期。毛泽东发表《关于正确处理人民内部矛盾的问题》，为探索社会主义建设做出重要理论贡献。中国的社会主义建设在曲折中发展，党和社会主义制度具有强大的生命力。

视频链接：

http://tv.cctv.com/2019/09/19/VIDELr7C1veDCXDCJyFWFUIo190919.shtml

【理论小贴士】

1."双百"方针："双百"方针是"百花齐放、百家争鸣"方针的简称，是毛泽东在《关于正确处理人民内部矛盾的问题》一文中提出的繁荣社会主义文化的方针。其主要观点包括：艺术上不同的形式和风格可以自由发展，科学上不同的学派可以自由争论。利用行政力量，强制推行一种风格、一种学派，会阻碍艺术和科学的发展。贯彻"双百"方针，有利于促进艺术发展、科学进步，繁荣社会主义文化事业。

2."两参一改三结合"：1960年3月22日，中共中央批转鞍山市委《关于工业战线上的技术革新和技术革命运动开展情况的报告》。毛泽东代中央起草批示，将鞍钢实行的"两参一改三结合"的管理制度称作"鞍钢宪法"，要求在工业战线加以推广。开展技术革命，大搞群众运动，实行"两参一改三结合"，坚持政治挂帅，实行党委领导下的厂长负责制，这些原则统称为"鞍钢宪法"。"两参"即干部参加生产劳动，工人参加管理；"一改"即改革不合理的规章制度；"三结合"即在企业进行技术革新与技术改造的时候，要注意企业领导干部、工程技术人员与工人三者的结合。"鞍钢宪法"是对我国工业企业发展道路和管理模式的成功探索，其鼓励开展技术革新并动员全员参与的理念，也与现代企业管理思想相一致，并对欧美及日本等外国企业的生产管理产生一定启发。

【经典语录】

1. 世界是你们的，也是我们的，但是归根结底是你们的，你们青年人朝气蓬勃，正在兴旺时期，好像早晨八九点钟的太阳。希望寄托在你们身上。

——逄先知、金冲及主编，《毛泽东传（1949—1976）》（上），中央文献出版社，2003年

2. 人的正确思想是从哪里来的？是从天上掉下来的吗？不是。是自己头脑里固有的吗？不是。人的正确思想，只能从社会实践中来，只能从生产斗争、阶级斗争和科学实验这三项实践中来。人们的社会存在，决定人们的思想。而代表先进阶级的正确思想，一旦被群众掌握，就会变成改造社会、改造世界的物质力量。

——中共中央文献编辑委员会编，《毛泽东著作选读》（下册），人民出版社，1986年

专题六

邓小平理论与中国特色社会主义的开创

▲

【专题导学】

一、学习目标

1. 理解邓小平理论的形成条件和形成过程。

2. 掌握邓小平理论的基本问题、主要内容。

3. 了解邓小平理论的历史地位。

二、重点和难点

（一）重点

1. 邓小平理论的形成条件及过程。

2. 邓小平理论的主要内容。

3. 邓小平理论的历史地位。

（二）难点

1. 邓小平理论的形成条件。

2. 邓小平理论的基本问题和主要内容。

三、主要学习内容

（一）对邓小平的政治评价

邓小平是全党全军全国各族人民公认的享有崇高威望的卓越领导人，伟大的马克思主义者，伟大的无产阶级革命家、政治家、军事家、外交家，久经考验的共产主义战士，中国社会主义改革开放和现代化建设的总设计师，中国特色社会主义道路的开创者，邓小平理论的主要创立者。

（二）邓小平理论的时代背景

时代主题发生了重大变化。一方面，20世纪70年代，美苏两极对抗的冷战格局出现重大变化，爆发世界大战的可能性越来越小；另一方面，新科技革命又推动着经济社会快速发展。邓小平敏锐地提出了和平与发展是真正的全球性的战略问题，中国要以经济建设为中心，实行对外开放的政策。新中国成立以来，党在领导社会主义革命和建设中取得了巨大的成就，并对社会主义建设道路进行了初步探索，但是，实践中也经历了曲折和失误，甚至发生过"文化大革命"这样的严重挫折。邓小平等总结了历史经验，并对"左"的错误思想进行了深刻反思，开启了改革开放的新局面。改革开放和现代化建设的伟大实践，特别是人民群众生机勃勃的伟大创造，为邓小平理论的形成提供了现实依据。

（三）邓小平理论形成的三个阶段

第一个阶段从党的十一届三中全会到1982年党的十二大（1978年12月—1982年9月），十一届三中全会实现了党的历史的伟大转折，开启了改革开放和社会主义现代化的伟大征程；十二大明确提出了"建设有中国特色的社会主义"这一核心概念，标志着邓小平理论初步形成。第二阶段从党的十二大到十三大（1982年9月—1987年10月），第一次对中国特色社会主义理论做了系统概括，标志着邓小平理论基本轮廓和框架的形成。第三阶段是党的十三大到"南方谈话"（1987年10月—1992年初），"南方谈话"从理论上深刻地回答了当时困扰和束缚人们思想的一系列重大问题，推动改革开放和社会主义现代化建设进入新阶段，标志着邓小平理论走向成熟。

（四）邓小平理论的精髓

邓小平理论贯穿着解放思想、实事求是的思想路线。针对"文化大革命"的错误，为了冲破"两个凡是"的思想禁锢，邓小平明确提出了毛泽东思想的精髓是实事求是，领导和支持了真理标准的讨论。解放思想、实事求是成为党的十一届三中全会的主题，标志着党重新确立了马克思主义的思想路线。这一思想路线有力地推动和保证了改革开放的进行，也是邓小平理论的活的灵魂和精髓。

（五）邓小平理论回答的首要的基本问题

邓小平理论回答的首要的基本问题是"什么是社会主义、怎样建设社会主义"。关键是要在坚持社会主义基本制度基础上进一步认清社会主义本质。邓小平在南方谈话中对社会主义本质做了总结性概括："社会主义的本质，是解放生产力，发展生产力，消灭剥削，消除两极分化，最终达到共同富裕。"这一科学概括，深化了对科学社会主义的认识。

（六）邓小平理论的主要内容

邓小平理论的主要内容包括社会主义初级阶段理论，党的基本路线，社会主义根本任务的理论，"三步走"战略，改革开放理论，社会主义市场经济理论，"两手抓，两手都要硬""一国两制"，中国问题的关键在党九个方面，形成了比较完备的科学体系。

（七）邓小平理论的历史地位

邓小平理论，是马克思列宁主义、毛泽东思想在新的历史条件下的继承和发展，是中国特色社会主义理论体系的开篇之作，对改革开放和社会主义现代化建设具有长远的指导意义。

四、学习建议

1. 学习邓小平理论的形成条件，推荐从"121"学起，通过阅读文献、观看视频展开学习。

第一个"1"是指中国共产党的一个重要文件；"2"是指邓小平和谷牧为团长的两个重要访问；第二个"1"是指一篇重要文章。文件是指《关于建国以来党的若干历史问题的决议》（1981年党的十一届六中全会通过），它总结和评价了建国以来党的重大历史问题特别是"文化大革命"、毛泽东的历史地位及功过是非和毛泽东思想基本内容与指导意义。《决议》肯定了十一届三中全会以来逐步确立的适合中国国情的建设社会主义现代化强国的正确道路，进一步指明中国社会主义事业和党的工作继续前进的方向。重要访问有二：一是邓小平1978年访问日本，二是国务院副总理谷牧率领考察团到西欧国家访问；两次访问使得以邓小平为核心的中国共产党人深刻认识到我国与西方发达国家之间存在的巨大差距，确定把全党工作的重点转移到社会主义现代化建设上来。一篇重要文章是指《实践是检验真理的唯一标准》。1978年5月11日，《光明日报》发表特约评论员文章《实践是检验真理的唯一标准》，由此引发了一场关于真理标准问题的大讨论，成为那支撬动改革开放的哲学杠杆。这场讨论冲破了"两个凡是"的严重束缚，推动了全国性的马克思主义思想解放运动，是中国共产党第十一届中央委员会第三次全体会议实现新中国成立以来中国共产党历史上具有深远意义的伟大转折的思想先导，为中国共产党重新确立马克思主义思想路线、政治路线和组织路线，做了重要的理论准备。

2. 邓小平理论的主要内容，推荐从"11"学起，通过阅读文献、观看视频展开学习。

第一个"1"是指一本书《邓小平时代》。通过阅读《邓小平时代》理解我们亲历的中国改革时代，知晓今天的中国为什么是这样的。第二个"1"是指大型纪录片《邓小平》，观看该片，走进邓小平富有传奇色彩的生活，充分了解他作为改革开放的总设计师和中国特色社会主义理论创立者的重大历史贡献，解析邓小平理论的主要内容，感受他平凡而伟大的高尚品格和特殊的个性、气质。

【歌曲赏析】

歌曲1：《春天的故事》

简介：《春天的故事》创作于1992年，由蒋开儒、叶旭全作词，王佑贵谱曲。歌曲描述了改革开放和现代化建设总设计师邓小平同志南行的故事和对我国现代化建设的贡献，此曲已成为中国第二代领导人的音乐代表曲目和中国改革开放的代表曲。

歌曲2:《在希望的田野上》

简介:《在希望的田野上》是20世纪80年代初流行的歌曲，由陈晓光作词，施光南作曲。这首歌曾经作为共青团中央推广的歌曲之一，在20世纪80年代的青年当中影响很大。这首歌通过对充满希望、充满生机的乡村田野的赞美和希望，抒发了人们对美好生活的向往。歌词把眼前和未来、现实与希望巧妙地结合起来，既歌颂了改革开放以后的新面貌，又憧憬着更富裕、兴旺和幸福的未来。

【案例解析】

案例1：发展是硬道理

案例导读：

邓小平理论的内容非常丰富，其核心之一是关于社会主义根本任务的理论。1992年，他提出了"发展才是硬道理"的著名论断。邓小平强调发展是硬道理，硬在生产力是社会发展的最终决定力量，硬在发展是深刻总结国内外经验教训的结果，硬在发展是解决中国所有问题的关键，硬在发展是消灭贫穷、体现社会主义优越性和逐步进入共产主义的根本依靠点。

案例呈现：

20世纪80年代，《芜湖日报》在头版位置刊登了一篇名为《货真价实的傻子瓜子》的文章，"傻子瓜子"一时间在芜湖市乃至更广范围被传开了，顾客纷纷慕名前来，生意十分火爆。但是，这篇报道也引起了一些人的反感，有位干部甚至写了一首打油诗："傻子瓜子呆子报，呆子报道傻子笑。"这首打油诗，在当时的香港媒体中广为流传，可见社会对"傻子"的非议很大。一场带有浓烈的意识形态特征的大辩论拉开序幕……

雇工风波，"傻子"被指"资本家"

被媒体报道过的年广久生意越来越兴旺，一天甚至可以卖出两三千斤的瓜子。年广久还请来一些无业青年当帮手，这些人一个个地多起来，到了秋天，竟已有12人之多。靠炒瓜子发家的年广久本就令周围人眼红，现在更是有了12个雇工，有人马上联想到马克思在《资本论》中作出的著名论断："雇工到了8个就不是普通的个体经济，而是资本主义经济，是剥削。"于是，"安徽出了一个叫年广久的资本家""年广久是剥削分子"的流言顿时传播开来。

年广久的做法到底对不对？这个目不识丁、自称是"傻子"的小商贩竟给全中国的理论家出了一道天大的难题。年广久虽然照常炒他的瓜子，但每天总能听到一些对他不利的风声。联想到之前因为"投机倒把"罪入狱的事情，年广久也害怕了。他害怕政策变，再回到过去那个岁月。此时的年广久迫切地希望获得社会的支持。令他做梦也没有想到的是，他很快就得到了一个伟人——改革开放的总设计师邓小平的支持。

邓小平出手救"傻子"，给个私经营户的一颗"定心丸"

关于"傻子瓜子"诸多不利的消息传到了安徽省委。安徽省委派人到芜湖调查，并写了报告给中央，惊动了邓小平。

1984年10月22日，邓小平在中顾委第三次全体会议上，明确地提出了对"傻子瓜子"问题的处理方针。他说："前些时候那个雇工问题，相当震动，大家担心得不得了。我的意见是放两年再看。如果你一动，群众就说政策变了，人心就不安了。你解决了一个'傻子瓜子'，会牵动人心不安，没有益处。让'傻子瓜子'经营一段，怕什么？伤害了社会主义吗？"

正是这样的表态，为年广久的生意扫除了许多隐患，更给广大的个私经营户吃了一颗"定心丸"。

——摘自第一财经网，2018年9月4日

思考解答：

结合案例，说明年广久的经历诠释了邓小平理论的什么内容。

_____

_____

_____

_____

案例2：《中国改革开放的故事》第一集——人心所向

案例导读：

《中国改革开放的故事》是由英国著名的BBC纪录片导演、知名历史学家迈克尔·伍德执导的一部纪录片。他以客观的角度拍摄、记录中国改革开放的40年，既不吝啬对中国改革开放是人类迄今为止最大规模脱贫、最短时间实现现代化奇迹的赞美，也不回避对中国在改革开放发展过程中存在的一些问题的质疑。第一集《人心所向》片长不到14分钟，主要介绍了中国改革开放的国内、国际背景。

案例呈现：

http://video.sina.com.cn/p/news/s/doc/2018-12-28/084069116581.html

思考解答:

结合视频内容,明确中国改革开放的主要历史背景是什么。

_____

_____

_____

_____

【 "四史"记忆 】

邓小平南方谈话

随着苏联的解体,东欧国家的剧变,国际社会主义运动出现低潮,长期以来的东西方两极"冷战"结束了。世界的这种大变动、大改组,对中国有着巨大的影响。一方面,世界出现多极化趋势,西方国家加紧了对原社会主义国家的争夺和渗透,一些发展中国家抓住经济全球化进程加快的时机呈现强劲的发展势头,中国尽管挫败了西方国家的"制裁",但面临的严峻挑战仍然存在。另一方面,这种复杂的形势使相当一部分干部和群众的思想产生困惑。一些人对社会主义前途缺乏信心,一些人对改革开放提出了姓"社"还是姓"资"的疑问,对党的基本路线产生了动摇。这样,能不能在国内外的各种压力和困难面前,毫不动摇地坚持党的基本路线,把改革开放和社会主义现代化建设继续推向前进,就成为进入20世纪90年代后党必须解决的重大问题。在此关键时刻,1992年初,邓小平视察南方,发表了重要谈话。

1992年1月18日至2月21日,邓小平先后视察武昌、深圳、珠海、上海等地。视察途中,他多次发表谈话,强调党的基本路线要管100年,动摇不得。改革开放胆子要大一些,敢于试验。判断的标准,应该主要看是否有利于发展社会主义社会的生产力,是否有利于增强社会主义国家的综合国力,是否有利于提高人民的生活水平。计划多一点还是市场多一点,不是社会主义与资本主义的本质区别。社会主义的本质,是解放生产力,发展生产力,消灭剥削,消除两极分化,最终达到共同富裕。社会主义要赢得与资本主义相比较的优势,就必须大胆吸收和借鉴人类社会创造的一切文明成果,包括当今资本主义发达国家的一切反映现代社会化生产规律的先进经营方式和管理方法。中国要警惕右,但主要是防止"左"。要抓住时机,发展自己,关键是发展经济。发展才是硬道理。必须依靠科技和教育,经济发展才能快一点。要坚持两手抓,一手抓改革开放,一手抓打击各种犯罪活动。两只手都要硬。在整个改革开放过程中必须始终坚持四项基本原则,必须反对腐败,廉政建设要作为大事来抓。中国的事情能不能办好，从一定意义上说，关键在人，说到底，关键是我们共产党内部要搞好。社会主义经历一个长过程发展后必然代替资本主义。这是社会历史发展不可逆转的总趋势。一些国家出现严重曲折，社会主义好像被削弱了，但人民经受锻炼，吸取教训，将促使社会主义向着更加健康的方向发展。我们搞社会主义才几十年，还处在初级阶段。巩固和发展社会主义，需要几代人、十几代人，甚至几十代人坚持不懈地努力奋斗。从现在起到下世纪中叶，将是很要紧的时期，我们要埋头苦干。

这些谈话科学地总结党的十一届三中全会以来的基本实践和基本经验，从理论上深刻回答了长期困扰和束缚人们思想的许多重大认识问题，是把改革开放和现代化建设推向新阶段的又一个解放思想、实事求是的宣言书。党中央政治局认为，这篇谈话不仅对当前的改革和发展，对开好党的十四大，具有十分重要的指导作用，而且对整个社会主义现代化建设事业，具有重大而深远的意义。

——中共中央党史研究室著，《中国共产党简史》，中共党史出版社，2001年

【阅读书目推荐】

邓小平. 邓小平文选（全三卷）[M]. 北京：人民出版社，1993.

简介：邓小平同志的这些著作，集中了他在"文化大革命"以前的主要言论，反映了他在抗日战争、解放战争、中华人民共和国成立后17年这几个历史时期，对军事、政治、经济、党的建设等方面做出的贡献。他的这些思想、理论，对于学习研究党的历史有重要意义，特别是其中一些富有创造性的思想，对今天我国正在进行的社会主义建设和改革，具有重要的借鉴作用。

【经典视频推荐】

电视文献片：《邓小平》第六集《历史转折》

简介：1976年周恩来总理逝世，邓小平为其致悼词。接着各地人民自发组织悼念周恩来、支持邓小平的活动，而"四人帮"却污蔑这些是邓小平一手策划的，至此，邓小平又遭遇了他人生中的第二次政治危机。这一年，朱德、毛泽东相继去世，共和国开国元老们一举粉碎了"四人帮"，邓小平同志又重新在政治舞台上站了起来。

视频链接：

http://topics.gmw.cn/2014-08/20/content_12653630.htm

【理论小贴士】

1. "三步走"战略："三步走"战略是邓小平提出的在我国落后的生产力基础上如何逐步实现社会主义现代化的战略安排。1987年4月，邓小平第一次提出了分"三步走"基本实现现代化的战略。同年10月，党的十三大把邓小平"三步走"的发展战略构想确定下来，明确提出：第一步，从1981年到1990年实现国民生产总值比1980年翻一番，解决人民的温饱问题；第二步，从1991年到20世纪末，使国民生产总值再翻一番，达到小康水平；第三步，到21世纪中叶，国民生产总值再翻两番，达到中等发达国家水平，基本实现现代化。

2. "两手抓，两手都要硬"："两手"中的"一手"指物质文明，"另一手"指精神文明。邓小平强调，物质文明和精神文明都搞好，才是中国特色的社会主义，"两手抓，两手都要硬"，这是我国社会主义现代化建设的一个根本方针。邓小平多次指出，不加强精神文明的建设，物质文明的建设也要受破坏，也要走弯路。经济建设"这一手"我们搞得相当有成绩，形势喜人，这是我们国家的成功。但风气如果坏下去，经济搞成功又有什么意义？会在另一方面变质，反过来影响整个经济变质，发展下去会形成贪污、盗窃、贿赂横行的世界。

【经典语录】

1. 一个党，一个国家，一个民族，如果一切从本本出发，思想僵化，迷信盛行，那它就不能前进，它的生机就停止了，就要亡党亡国。

——邓小平著，《邓小平文选》（第二卷），人民出版社，1983年

2. 不坚持社会主义，不改革开放，不发展经济，不改善人民生活，只能是死路一条。基本路线要管一百年，动摇不得。只有坚持这条路线，人民才会相信你，拥护你，谁要改变三中全会以来的路线方针政策，老百姓不答应，谁就会被打倒。

——邓小平著，《邓小平文选》（第三卷），人民出版社，1993年

专题七

"三个代表"重要思想与中国特色社会主义的跨世纪发展

【专题导学】

一、学习目标

1. 把握"三个代表"重要思想的形成条件和形成过程。

2. 理解"三个代表"重要思想的核心观点和主要内容，理解"三个代表"重要思想的内在逻辑。

3. 深刻认识"三个代表"重要思想的历史地位。

二、重点和难点

（一）重点

1. "三个代表"重要思想的形成条件。

2. "三个代表"重要思想的核心观点。

3. "三个代表"重要思想的逻辑关系。

4. "三个代表"重要思想的主要内容及历史地位。

（二）难点

"三个代表"重要思想的内在逻辑关系。

三、主要学习内容

（一）"三个代表"重要思想的形成条件

20世纪80年代末90年代初，东欧剧变，苏联解体，世界社会主义出现严重曲折，我国社会主义事业的发展面临空前巨大的困难和压力，我们党和国家处在决定前途命运的重大历史关头。以江泽民为主要代表的中国共产党人，科学判断形势，全面把握大局，进行艰辛探索，从容应对困难和风险，全面推进社会主义现代化建设，开创了中国特色社会主义事业新局面。"三个代表"重要思想是在对冷战结束后国际局势科学判断的基础上，在科学判断党的历史方位和总结历史经验的基础上，在建设中国特色社会主义伟大实践的基础上形成的。

（二）"三个代表"重要思想的核心观点

"中国共产党必须始终代表中国先进生产力的发展要求，代表中国先进文化的前进方向，代表中国最广大人民的根本利益。"这是对"三个代表"重要思想的集中概括。

（三）"三个代表"重要思想的主要内容

"三个代表"重要思想是一个结构完整、内容丰富的科学体系。其主要内容包括发展是党执政兴国的第一要务、建立社会主义市场经济体制、全面建设小康社会、建设社会主义政治文明、推进党的建设新的伟大工程五个方面。除此之外，"三个代表"重要思想内容还包括大力弘扬与时俱进的精神，社会主义初级阶段的基本纲领，中国特色社会主义改革开放的理论，建立巩固的国防，加强军队的革命化、现代化、正规化建设的思想，坚持和发展爱国统一战线理论，中国特色社会主义外交和国际战略，推进祖国完全统一，提出发展两岸关系八项主张的理论等。

（四）"三个代表"重要思想的逻辑关系

"三个代表"是统一的整体。三者相互联系，相互促进，互为因果，统一于建设有中国特色社会主义的伟大实践。发展先进生产力和先进文化是实现最广大人民根本利益的基础和前提，实现最广大人民根本利益则是发展先进生产力和先进文化的目的和归宿。人民群众既是先进生产力和先进文化的创造者，又是其成果的享有者。这不仅提出了坚持立党为公、执政为民的根本要求，而且指明了实现立党为公、执政为民的根本途径。

（五）"三个代表"重要思想的历史地位

"三个代表"重要思想在邓小平理论的基础上，进一步回答了什么是社会主义、怎样建设社会主义的问题，创造性地回答了建设什么样的党、怎样建设党的问题，集中起来就是深化了对中国特色社会主义的认识，是中国特色社会主义理论体系的接续发展，是加强和改进党的建设，推进中国特色社会主义事业的强大理论武器，是党和国家必须长期坚持的指导思想。

四、学习建议

对本专题可以采用查阅文献、自主探究、案例分析、交流讨论等方法进行学习。

1. 理解"三个代表"重要思想的核心观点和丰富内容。这是本专题的重难点，建议同学们通过《世纪跨越》《突破重围》等视频资源对"三个代表"重要思想的时代背景和内容有所了解，结合胡锦涛的《深刻理解"三个代表"的科学内涵》把三个核心观点的逻辑关系理清楚，明确这三个核心观点是一个统一的有机整体，不能割裂。

2. 认识"三个代表"重要思想的历史地位。建议同学们阅读江泽民的《始终做到"三个代表"是我们党的立党之本、执政之基、力量之源》，观看《居安思危——苏共亡党的历史教训》第五集《苏共的特权阶层》，分小组讨论苏共变质对苏联解体的影响，我国提出"三个代表"重要思想的意义和历史地位。

【歌曲赏析】

歌曲1：《走进新时代》

简介：《走进新时代》是由蒋开儒作词、印青作曲、张也演唱的歌曲，发行于1997年。邓小平逝世后，蒋开儒看到江泽民同志在报告中说要"高举邓小平理论伟大旗帜，进一步深化改革开放"，顿时有了灵感，就在日记里写下"我们唱着东方红当家做主站起来，我们讲着春天的故事改革开放富起来，继往开来的领路人带领我们走进新时代，高举旗帜开创未来"四句话。这四句话后来都成了歌词。歌曲旋律动人正气，歌词真挚朴实，充满爱国主义精神，歌颂了中国人民勤劳勇敢，表达了对国家领导人和中国共产党的爱戴和尊敬之情。

歌曲2：《东方之珠》

简介：《东方之珠》是由罗大佑作词、作曲的一首歌曲，刘德华和那英曾于1997年香港回归之际合唱此歌曲。香港有美丽的夜景，尤其是1998年之前位于香港市中心的香港启德机场运营的几十年间，从晚上抵达香港的飞机上，可以看到香港万家灯火绚丽多彩的繁华景色，宛如黑夜中的明珠，香港也因此赢得了"东方之珠"的美誉。《东方之珠》代表性地呈现出香港的沧桑变化，因而在回归的气氛中广泛流传开来，更成为所有以香港为主题的流行音乐中著名的歌曲之一，深深地印在了每位华夏儿女的心头。

【案例解析】

案例1：土地瓜咋成了金疙瘩

案例导读：

乡村振兴关键要靠人才。有了引路人，敢闯敢试，传统农业也能找到新的生机。

案例呈现：

麦收过后，正是种植地瓜的最佳时节。早晨8点多钟，我来到青岛西海岸新区张家楼镇逄家桃园村村委办公室，转了一圈没见到村党支部书记逄境明，就知道他准是又到地里忙活去了。来到村东南地瓜种植基地，远远地看见一个高个子正带着村民们一起整地、起垄、覆膜、插秧苗、浇水，黝黑的脸上写着一丝不苟。

逄家桃园村曾是当地远近闻名的贫困村。村里有种植地瓜的传统，但是村民们忙活一年下来卖不了多少钱。怎么办？2014年，镇党委主动联系在外经商的逄境明，说服他回村带领村民致富。回到家乡后，逄境明带领村两委干部拆除违章建筑，整治环境卫生，村容村貌焕然一新，他很快赢得村民的信任。

硬件修好了，下一步村庄怎么发展、村民怎么致富成了逢境明的一块心病。有着多年经商经验的他认准做农业有广阔舞台，便将主攻方向放在村里传统优势地瓜种植上。"这里的土质、环境等天然条件好，地瓜味道独特，品质虽好却不值钱。"刚到村里时，逢境明告诉我，当他和村民们说要种地瓜致富时，村民们都笑了，"本来指望着逢书记回来后弄个大厂子打工挣钱，结果还叫我们种地瓜！"

对务实的逢境明来说，干比说更重要，得发动更多人带头行动起来，让群众尽快看到变化才是最好的回应。于是，逢境明自己先尝试种植，同时发动一直在外面做海鲜生意的逢淑军等人回村参与。他们从南京引进了优良品种，收获后卖到5元钱一斤。后来，他们邀请专家来指导科学种植，地瓜产量翻了一番。村民们一算账，按照亩产6 000斤、普通品种单价2元钱计算，每亩收入可过万元。眼看着几位致富带头人让土地瓜变成了金疙瘩，大家也纷纷扩大种植规模。从曾经不值钱的地瓜到现在连成片的种植基地，逢家桃园村的变化表明，乡村振兴关键要靠人才。有了引路人，敢闯敢试，传统农业也能找到新的生机。

发展的路子找对了，但小规模种植难以形成产业，必须走合作社发展之路。于是，逢境明四处取经，以村两委成员、部分党员为骨干，成立红寨岭地瓜专业合作社，还申请注册了商标。知名度提高了，销量打开了，群众的钱袋子也随之鼓了起来。

——摘自《人民日报》，2020年7月10日07版

思考解答：

张家楼镇逢家桃园村由贫穷变富裕的原因是什么？如何理解"三个代表"重要思想的本质是立党为公、执政为民？

_____

_____

_____

_____

案例2："我是党员，我先上！"

案例导读：

当前，中国人民正在与新冠肺炎疫情进行严肃的斗争，时间记录下人民战"疫"的速度，也记录下共产党员的驰援和坚守。病毒是魔鬼，生命重于泰山；危难时刻，共产党员为国请战，只因人民利益高于一切。急人民之所急，解人民之所忧，一个党员就是一面旗帜，党旗在防控疫情斗争第一线高高飘扬。

案例呈现：

http：//www.xinhuanet.com/video/2020-02/15/c_1210475636.

htm

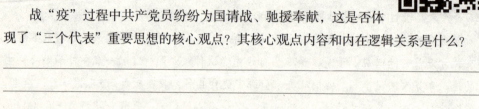

思考解答：

战"疫"过程中共产党员纷纷为国请战、驰援奉献，这是否体现了"三个代表"重要思想的核心观点？其核心观点内容和内在逻辑关系是什么？

_____

_____

_____

_____

【 "四史"记忆 】

1998年：众志成城战洪魔

1998年夏季，受厄尔尼诺现象影响，我国南方长江流域和北方松花江流域、嫩江流域出现了罕见的持续强降雨，超历史记录的特大洪水突然袭击了三江地区的广大平原、村镇和城市，严重威胁着流域内工业、农业、能源基地和数千万人民群众的生命财产安全，受灾人口达2亿多人。

面对特大洪水的袭击，中共中央、国务院和中央军委周密部署，指挥了一场气壮山河的抗洪抢险斗争。6月30日，国家防汛抗旱总指挥部发出《关于长江、淮河防汛抗洪工作的紧急通知》，要求各级领导立即上岗到位，切实负起防汛指挥的重任，迎战洪峰，战胜洪水。中央紧急调动和部署了30多万军队、武警投入抗洪抢险，使之成为夺取这场斗争胜利举足轻重的中坚力量。

江泽民等党和国家领导人多次亲临抗洪第一线，各级领导干部纷纷奔赴现场，同广大军民一道顽强奋战。8月13日，江泽民赴湖北长江抗洪抢险第一线，看望、慰问、鼓励广大军民，指导抗洪抢险斗争。8月14日，江泽民在武汉发表重要讲话，就决战阶段的长江抗洪抢险作总动员。8月16日，江泽民向参加抗洪的人民解放军发布命令：沿线部队全部上堤，军民团结，死守决战，夺取全胜。江泽民同时要求地方各级党政干部率领群众，与部队官兵共同严防死守，确保长江干堤安全。7月4日至9月2日期间，朱镕基总理三次亲临长江和松、嫩两江抗洪前线，察看汛情，指挥抢险。李鹏、李瑞环、胡锦涛、尉健行、李岚清等党和国家领导人都曾先后亲临抗洪第一线。

经过将近两个月的艰苦奋战，终于夺取了抗洪抢险斗争的胜利，创造了在特大洪水情况下将受灾损失减少到最低限度的奇迹。9月4日，江泽民在九江市就抗洪救灾工作发表重要讲话，宣布抗洪抢险斗争已经取得决定性的伟大胜利，并号召灾区广大干部群众，继续发扬不怕困难、顽强拼搏的精神，艰苦奋斗，互助互济，做好救灾工作，早日把生产恢复，把发展搞上去，早日重建美好的家园。

9月5日，江泽民赴黑龙江省考察嫩江、松花江流域的抗洪救灾工作，强调要把受灾群众的生活安置好。9月6日，他在听取有关方面汇报时强调，在这场抗洪抢险斗争中，我们形成了万众一心、众志成城，不怕困难、顽强拼搏，坚韧不拔、敢于胜利的伟大抗洪精神，这是我们中华民族无比珍贵的精神财富。

——参考中国政府网

【阅读书目推荐】

黄苇町.苏共亡党十年祭[M].南昌：江西高校出版社，2004.

简介：本书以史为镜，通过剖析苏共因失人心而失天下的历史悲剧，深刻阐述了保持党和人民群众的血肉联系是党的生命线，坚持"三个代表"重要思想是党的执政资格所在这一重大主题。文中渗透着对党和人民事业的责任感，针砭时弊，实话实说，有很强的思想震撼力，在干部群众中引起了共鸣。

【经典视频推荐】

大型文献专题片《我们走在大路上》第十集《突破重围》

简介：为隆重庆祝中华人民共和国成立70周年，全景式展现中国风雨兼程、砥砺前行的伟大历程，中央宣传部、中央党史和文献研究院、国家发展改革委、国家广播电视总局、中央广播电视总台、中央军委政治工作部共同摄制24集大型文献专题片《我们走在大路上》。该片以习近平新时代中国特色社会主义思想为指导，把70年来中国共产党带领全国各族人民进行社会主义革命、建设、改革取得的辉煌成就和宝贵经验作为主线，坚持"政论情怀、故事表达"风格歌唱祖国、礼赞时代，深入反映共和国筚路蓝缕一路走来的感人故事和重要事件，倾情呈现亿万人民在社会主义道路上不懈奋斗谱写的壮丽史诗，充分展现中华民族从站起来、富起来到强起来的伟大飞跃，是广大观众全方位了解中国发展的一部优秀作品。第十集《突破重围》重点展示了以江泽民为主要代表的中国共产党人在中国面对种种挑战时毅然坚定改革开放的决心，明确经济体制改革目标，建立社会主义市场经济体制，带领人民在惊涛骇浪中继续坚持中国特色社会主义的正确航向，改革开放的步伐在突破重围中更加坚定。

视频链接：

https://tv.cctv.com/2019/09/22/VIDEOmq5A2LfXNcqFkFD4KdV190922. shtml?spm=C55953877151.PXXwefeHcOAR.0.0

【理论小贴士】

1. "两个先锋队"：中国共产党既是中国工人阶级的先锋队，也是中国人民和中华民族的先锋队。1935年中共中央在瓦窑堡召开会议，会议决议中首先提出："中国共产党是中国无产阶级的先锋队，同时又是全民族的先锋队。"2002年党的十六大前，江泽民在"七·一"讲话中首次提到"两个先锋队"。11月党的十六大报告中，江泽民完整地提出了"两个先锋队"和"三个代表"重要思想。

2. 社会主义市场经济：同社会主义基本社会制度结合在一起的市场经济，体现社会主义的根本性质，是使市场在社会主义国家宏观调控下对资源配置起基础性作用的经济体制。它使经济活动遵循价值规律的要求，适应供求关系的变化。通过价格杠杆和竞争机制，把资源配置到效益最好的环节中去，并使企业实行优胜劣汰；运用市场对各种经济信号反应灵敏的特点，促进生产和需求的及时协调。

【经典语录】

1. 贯彻"三个代表"重要思想，关键在坚持与时俱进，核心在坚持党的先进性，本质在坚持执政为民。

——江泽民著，《江泽民文选》（第三卷），人民出版社，2006年

2. 我们党的最大政治优势是密切联系群众，党执政后的最大危险是脱离群众。

——江泽民著，《江泽民文选》（第三卷），人民出版社，2006年

专题八

科学发展观与中国特色社会主义的新发展

【专题导学】

一、学习目标

1. 了解科学发展观的形成条件和过程，理解和掌握科学发展观的科学内涵，把握科学发展观的主要内容和精神实质，明确科学发展观的历史地位。

2. 联系国家发展实际，理解中国经济发展进入新常态，为解决新情况、新问题，党中央进一步提出了五大发展新理念，充实、完善了科学发展观，把中国特色社会主义推进到一个新的发展阶段。

3. 认同科学发展观是马克思主义关于发展的世界观和方法论的集中体现，是中国特色社会主义理论的接续发展，是党必须长期坚持的指导思想。

二、重点和难点

（一）重点

1. 科学发展观的形成条件。

2. 科学发展观的科学内涵。

3. 科学发展观的主要内容。

4. 科学发展观的历史地位。

（二）难点

1. 科学发展观的科学内涵。

2. 科学发展观的主要内容。

3. 科学发展观的创新发展。

三、主要学习内容

（一）科学发展观形成条件

科学发展观是以胡锦涛同志为总书记的党中央，坚持以邓小平理论和"三个代表"重要思想为指导，在准确把握世界发展趋势、认真总结我国发展经验、深入分析我国发展阶段性特征的基础上形成和发展起来的；是在新世纪新阶段全面建设小康社会进程中，在新的历史起点上推进中国特色社会主义事业过程中形成和发展起来的。

（二）科学发展观的科学内涵

科学发展观，第一要义是发展，核心立场是以人为本，基本要求是全面协调可持续，根本方法是统筹兼顾。这是对科学发展观的集中概括。

（三）科学发展观的主要内容

科学发展观主要包括六个方面内容：关于加快转变经济发展方式，关于发展社会主义民主政治，关于推进社会主义文化强国建设，关于构建社会主义和谐社会，关于推进生态文明建设，关于全面提高党的建设科学化水平。此外，科学发展观还在推进全面深化改革，推动国防和军队建设科学发展，坚持"一国两制"，推进祖国统一，推动建设持久和平、共同繁荣的和谐世界方面提出了一系列新思想、新论断。这些重要思想是科学发展观的重要组成部分，是科学发展观在内政、外交、国防领域的运用和展开，它们共同丰富和发展了中国特色社会主义理论体系。

（四）科学发展观的历史地位

党坚持把马克思主义基本原理同当代中国实际和时代特征相结合，进一步回答了什么是社会主义、怎样建设社会主义和建设什么样的党、怎样建设党的问题，创造性地回答了新形势下实现什么样的发展、怎样发展等重大问题，实现了我们党在指导思想上的又一次与时俱进，开辟了当代中国马克思主义发展新境界。科学发展观涉及生产力和生产关系、经济基础和上层建筑的各个环节，贯通中国特色社会主义伟大事业和党的建设新的伟大工程的各个方面，不但是指导经济建设的理论，而且是指导各方面建设的理论；不但是指导发展的理论，而且是指导党和国家各项工作的理论；不但是指导实践、推动工作的有力武器，而且是帮助人们认识和把握社会发展规律的世界观和方法论。

四、学习建议

学习本专题要结合党的十七大报告和《科学发展观学习读本》等文献资源、《发展新境》《发展新篇》等视频资源，采用查阅文献、自主探究、案例分析、交流讨论等方法进行本专题的学习。

1. 科学发展观的形成。可以阅读十七大报告并观看《发展新境》，了解科学发展观提出的时代背景和面临的现实问题。搜集2003年关于"非典"的相关报道，小组讨论我们在当时面临的发展问题，谈一谈你认为的科学发展具有什么特点。

2. 科学发展观的科学内涵和主要内容。这是本专题的重点和难点。同学们要阅读《科学发展观学习读本》和研读十七大报告并结合当时中国的实际，明确科学发展观的科学内涵和主要内容。观看《发展新篇》视频，加强对科学发展观内涵的理解。

3. 科学发展观的历史地位。阅读党的十七大报告和党的十八大报告，明确党的十六大以来我国所取得的历史成就以及取得这些成就的原因，讨论科学发展观与邓小平理论、"三个代表"重要思想的关系，科学发展观与中国特色社会主义理论体系的关系，明确科学发展观的历史地位。

【歌曲赏析】

歌曲1：《阳光路上》

简介：《阳光路上》由甲丁作词、张宏光作曲，阎维文演唱。这首歌音乐风格大气磅礴，节奏动感明亮，歌颂科学发展观引领下的和谐社会，表达了全党、全军、全国各族人民高举旗帜走在阳光路上，奋力夺取全面建设小康社会新胜利，开创中国特色社会主义新局面，努力实现中华民族伟大复兴的坚定信念和壮志豪情。

歌曲2：《北京欢迎你》

简介：《北京欢迎你》由林夕作词、小柯谱曲，是在北京奥运会倒计时100天之际，由北京奥组委推出的一首由100名歌星演唱的奥运主题歌。歌曲以北京普通人家的视角，采用民谣形式，不仅用热情的音符表达了北京奥运会到来时人们喜悦的心情和对北京奥运会客人的欢迎之意，还表现了华人音乐人热情欢迎世界各地的友人到北京参与奥林匹克运动会的积极姿态和真挚感情。此外，在音乐电视里这首歌曲还融入了北京很多地标景观，具有浓厚的北京特色，展示北京乃至中国悠久的文化历史。独特的创意、优美的旋律，让人印象深刻。

【案例解析】

案例1：中国纪实 "荒岛"去荒记

案例导读：

30多年，弹指一挥间，青岛市黄岛区坚持科学发展，从一个偏僻、落后的小渔村，迅速发展成为一个开放、现代的国家级新区，享受省级行政待遇。在"2019中国城区综合竞争力百强"榜中位居第六名，在山东上榜区中位列首位。

案例呈现：

来"荒岛"工作定居，源自青年时期的浪漫一念。当时大学即将毕业，在北京和青岛两个城市的选择上，我毫不犹豫地选择了青岛，只为青岛能看到大海。

就这样千山万水来到青岛。来了一看，傻眼了，不是青岛，是黄岛。黄岛是青岛的一个区，但隔着胶州湾海峡，东边的青岛早已是有着欧式风格的现代化都市，而西边的黄岛却是"一条马路两盏灯，一个喇叭满街听"，最高的楼是刚刚投资开发的一栋三层黄色工厂厂房。

"黄岛"原名"荒岛",因"荒"与"黄"谐音,就改称"黄岛",以为这一改就不"荒"了,却不知正好与"青黄不接"的成语巧合,这十分恰切地象征了当时黄岛和青岛市区之间的实际境况。上百年来,黄岛与青岛隔海相望,就是无法打破"青黄不接"的局面。

刚到黄岛的时候是1989年。黄岛在荒僻落后中盼望了十年,我的青春也在工作拼搏中燃烧了十年。十年之后,随着国家投资和外资源源不断地涌入,黄岛开发区的主干大路像经纬线一样交织起来,高楼大厦平地而起,有时两、三个月不出去走走,就发现又崛起了一片崭新的楼房。同时,随着工业、文化、旅游、餐饮等产业发展日新月异,高、中端人才、外来经商和务工人员像从五湖四海汇聚过来的活水一样注入黄岛。

2011年6月30日,对于黄岛来说,是个具有纪念意义的日子。那一天,胶州湾隧道如蛟龙一样从海底钻了过来,胶州湾跨海大桥像长虹一般从大海那边飞跨过来。蛟龙过海,长虹飞渡,像两条无与伦比的珠链,把青岛和黄岛紧紧连在一起,破解了"青黄不接"的问题。

刚来黄岛的时候,偌大的、平明如镜的金沙滩上,除了几个撒网打鱼的渔民,没有什么闲散游人。几片掉了漆的小渔船在水边抛锚,一派古朴沉寂的景象。如今,金沙滩早已名冠"亚洲第一滩",各色楼亭殿阁错落有致,著名的青岛啤酒节迁址至此,凤凰岛大剧院金凤飞落,一年四季游人如梭。尤其到了盛夏,四方游人翩然而来,纷纷投入金沙滩怀抱,那片宽广的大海,就像过年下饺子一般沸腾起来。

素有"海上西湖"之称的唐岛湾和东西纵横4.5千米的唐岛湾滨海公园,小桥静默,流水潺潺,花开朵朵,碧草葳蕤,让人仿佛置身江南水乡。

紧随腾飞、巨变的脚步,闻名遐迩的东方影都,集商业、文化、娱乐、餐饮为一体的万达Mall,美丽的珊瑚桥、星光岛,沿着滨海大道由东向西,像珍珠一般一串串闪闪发光地铺洒过去。最早的青岛理工大学落户黄岛后,中国石油大学、山东科技大学、北京电影学院现代创意媒体学院等相继凤落梧桐。近几年,复旦大学、哈尔滨工程大学等名校又在西海岸开设分校……

全方位大发展令黄岛这片弹丸之地已施展不开手脚了。于是,黄岛西面的胶南小城及胶南辖区内广大的工农牧副渔产业区,于去年东西合璧,正式合并更名为"青岛西海岸新区"。从此,"荒岛"不再,"黄岛"不再,桥隧畅通无阻、紧密相连的大青岛格局蔚然形成。

——摘自中国新闻网,2019年4月27日

思考解答:

结合案例,谈谈黄岛区是怎样坚持科学发展,实现"荒岛"去荒的?

_____

_____

—

_____

案例2：《号角》第24集《推动科学发展　促进社会和谐》

案例导读：

以胡锦涛同志为总书记的党中央，准确把握我国发展的阶段性特征，深度探索、回答了实现什么样的发展，怎样发展，提出了科学发展和构建社会主义和谐社会的重大战略思想。

案例呈现：

http://tv.cctv.com/2013/03/13/VIDE1363160238147851.shtml

思考解答：

"科学发展观"的科学内涵是什么？为什么强调以人为本？

_____

_____

_____

_____

【"四史"记忆】

抗击"非典"病毒

我国首例非典型肺炎病例于2002年11月发生在广东省佛山市。2003年2月中下旬疫情在广东局部地区流行。3月上旬疫情传入山西、北京，开始在华北地区传播和蔓延，并逐步向全国扩散。到4月中下旬，疫情波及全国26个省、自治区、直辖市。非典型肺炎疫情不仅对人民群众身体健康和生命安全构成严重威胁，也给我国经济和社会发展带来严重冲击。

疫情发生后，党中央、国务院高度重视，以对广大人民群众高度负责的精神，领导全国人民同这场突如其来的疫病灾害展开了艰苦卓绝的斗争。中共中央政治局常委会和政治局多次召开会议听取工作汇报，研究重大问题并作出重大决策和部署，及时向全党和全国发出了坚持"两手抓"，齐心协力夺取抗击"非典"和促进发展"双胜利"的号召。新一届国务院组成后，先后召开十多次常务会议，分别于4月13日和5

月6日召开了全国非典型肺炎防治工作会议、全国农村防治非典型肺炎电视电话会议，全面部署防治工作。党中央、国务院领导同志多次作出重要批示，主持召开专题会议，深入医疗机构、科研单位、学校、机关、工厂、工地、街道、社区和农村考察调研，慰问战斗在防治工作第一线的医护人员、科技人员和广大干部群众，指导非典型肺炎防治工作。

在防治工作关键时刻，党中央、国务院决定，成立以国务院副总理吴仪为总指挥、国务委员兼国务院秘书长华建敏为副总指挥，由30多个中央国家机关部门的160多位同志组成的全国防治非典型肺炎指挥部，下设10个工作组和1个办公室。指挥部4月24日成立后，与各地区、各部门和各方面一道，按照"沉着应对、措施果断，依靠科学、有效防治，加强合作、完善机制"的总体要求，全力以赴开展防治工作。经过坚持不懈地奋斗，逐步有效地控制了疫情。从5月中旬开始，全国日发病人数、日死亡人数大幅下降，治愈出院人数大幅上升，疫情趋于平缓。6月5日，北京最后一处工地被宣布解除隔离；6月19日北京市大部分医院恢复了正常的医疗秩序；6月24日，北京被世界卫生组织宣布从世界"非典"疫区的名单中排除；同时，中国其他省、市、自治区的"非典"疫情也得到了有效控制。

"非典"疫情突如其来，凸显了我国的经济发展和社会发展、城市发展和农村发展还不够协调的矛盾。党中央领导全国人民战胜了"非典"疫情后，对其中的经验教训进行了深刻反思和总结，在此基础上逐渐提出了科学发展观。

——摘自中国政府网，2005年08月09日

【阅读书目推荐】

季栋梁.上庄记[M].北京：北京十月文艺出版社，2014.

简介：《上庄记》以"我"的下乡扶贫为主线，聚焦农村空巢化、古村落消失等现实困境，描绘出一幅中国当代农民生活的微缩图景。作者文笔质朴厚重，点染乡土风情如在眼前，描摹农民形象真切动人，传达出自觉的社会意识与诗性情怀。作品以朴实的叙述和细密的细节，描写了大山里的上庄一没资源二又山大沟深、想要脱贫非常困难的现实，同时也描写了朝气蓬勃、充满信心的孩子，锲而不舍、坚韧不拔的老村主任。作品风格朴实，叙述冷静，行文扎实，获得"2014中国好书"荣誉。

【经典视频推荐】

文献片：《伟大的历程》第六集《发展新篇》

简介：该片详细追溯了科学发展观提出的渊源及其贯彻实施过程，围绕典型事

例，描绘了在科学发展观指导下建设社会主义新农村、振兴东北老工业基地、建设资源节约型和环境友好型社会、推进创新型国家建设、实施人才强国战略、文化体制改革、构建社会主义和谐社会、加强党的建设等一系列重大举措。该片反映了党的十六大以来以胡锦涛同志为总书记的党中央领导全党全国人民，推动科学发展，促进社会和谐。

视频链接：

https://v.youku.com/v_show/id_XNjAxNzA1MDA=.html

【理论小贴士】

1. 又好又快发展：又好又快发展是体现科学发展观本质要求的经济发展指导思想。"快"是对经济发展速度的强调，"好"是对经济发展质量和效益的要求。又好又快发展要求在经济发展中把质量和效益放在突出位置，在注重质量和效益的基础上求得发展的速度。

2. 社会主义和谐社会：中国共产党2004年提出的一种社会发展战略目标，指的是一种和睦、融洽并且各阶层齐心协力的社会状态。2004年9月19日，中国共产党第十六届中央委员会第四次全体会议上正式提出了"构建社会主义和谐社会"的概念。随后，在中国，"和谐社会"便常作为这一概念的缩略语。社会主义和谐社会六大特征是民主法治、公平正义、诚信友爱、充满活力、安定有序、人与自然和谐相处。

【经典语录】

1. 发展为了人民，发展依靠人民，发展成果由人民共享。

——胡锦涛著，《胡锦涛文选》（第二卷），人民出版社，2016年

2. 办好中国的事情，关键在党。

——胡锦涛著，《胡锦涛文选》（第三卷），人民出版社，2016年

专题九

中国特色社会主义进入新时代

▲

【专题导学】

一、学习目标

1. 了解、熟悉改革开放以来，特别是党的十八大以来中国社会取得的历史性成就和发生的历史性变革。

2. 正确认识社会主义初级阶段主要矛盾的转化，掌握中国特色社会主义进入新时代的依据。

3. 准确把握中国特色社会主义新时代的科学内涵，了解中国特色社会主义进入新时代的重要意义。

二、重点和难点

（一）重点

1. 正确理解中国特色社会主义进入新时代的主要原因，重点把握中国特色社会主义进入新时代与我国社会主要矛盾变化之间的关系。

2. 深刻理解中国特色社会主义进入新时代的内涵和意义。

（二）难点

1. 中国特色社会主义进入新时代的主要原因及与我国社会主要矛盾变化的关系。

2. 正确理解和认识党的十九大对我国发展的历史方位作出中国特色社会主义进入了新时代的重大判断。

三、主要学习内容

（一）作出"中国特色社会主义进入新时代"这个重大判断的主要原因

1. 改革开放以来特别是党的十八大以来我国社会发展取得的历史性成就和发生的历史性变革决定了"我们已经走进了新时代"。

党的十八大以来"我们党以巨大的政治勇气和强烈的责任担当，提出一系列新理念新思想新战略，出台一系列重大方针政策，推出一系列重大举措，推进一系列重大工作，解决了许多长期想解决而没有解决的难题，办成了许多过去想办而没有办成的大事，推动党和国家事业发生历史性变革。"这些"历史性变革"是中国特色社会主义进入新时代的显著标志。

2. 我国社会主要矛盾已经发生了转变。

党的十九大对我国社会主要矛盾作出了新概括，强调"我国社会主要矛盾已经转化为人民日益增长的美好生活需要和不平衡不充分的发展之间的矛盾"，同时指出"我国社会主要矛盾的变化是关系全局的历史性变化，对党和国家工作提出了许多新要求"。我国社会主要矛盾的变化决定了中国特色社会主义历史方位的变化，标志着中国特色社会主义进入了新时代。

（二）中国特色社会主义新时代的科学内涵

1. 中国特色社会主义新时代是承前启后、继往开来，在新的历史条件下继续夺取中国特色社会主义伟大胜利的时代。

2. 中国特色社会主义新时代是决胜全面建成小康社会、进而全面建设社会主义现代化强国的时代。

3. 中国特色社会主义新时代是全国各族人民团结奋斗、不断创造美好生活、逐步实现全体人民共同富裕的时代。

4. 中国特色社会主义新时代是全体中华儿女勠力同心、奋力实现中华民族伟大复兴中国梦的时代。

5. 中国特色社会主义新时代是我国日益走近世界舞台中央、不断为人类做出更大贡献的时代。

（三）中国特色社会主义进入新时代的重要意义

中国特色社会主义进入新时代，在中华人民共和国发展史上、中华民族发展史上具有重大意义。

1. 中国特色社会主义进入新时代意味着近代以来久经磨难的中华民族迎来了从站起来、富起来到强起来的伟大飞跃，迎来了实现中华民族伟大复兴的光明前景。

2. 中国特色社会主义进入新时代意味着科学社会主义在21世纪的中国焕发出强大生机活力，在世界上高高举起了中国特色社会主义的伟大旗帜。

3. 中国特色社会主义进入新时代意味着中国特色社会主义道路、理论、制度、文化不断发展，拓展了发展中国家走向现代化的途径，给世界上那些既希望加快发展又希望保持自身独立性的国家和民族提供了全新选择，为解决人类问题贡献了中国智慧和中国方案。

四、学习建议

1. 在学习"历史性成就和历史性变革"内容时，建议一方面通过观看《习近平为你描绘"新时代"》《新时代来啦！》《厉害了，我的国》《中国南海大阅兵，努力建成世界一流海军》等视频资料，感性认知历史性成就和历史性变革；另一方面以小组为单位，搜集并讲述身边的变化、新闻媒体报道的案例等，梳理和总结历史性成就和历史性变革，理性认知这一部分内容，并思考历史性成就和历史性变革与中国特色社会主义进入新时代的内在关系。

2. 在学习"社会主要矛盾的变化"内容时，建议一方面结合之前学过的知识观看《厉害了，我们的新时代》《外国人眼中的"新四大发明"》等视频，梳理、总结中华人民共和国成立以来不同时期的社会主要矛盾；另一方面以小组为单位讨论并理解新时代社会主要矛盾——人民日益增长的美好生活需要和不平衡不充分的发展之间的矛盾的内涵和变化依据，可搜集一些案例重点理解两个关键词"美好生活需要"和"不平衡不充分发展"，并思考新时代社会主要矛盾与中国特色社会主义进入新时代的内在关系。

3. 在学习"新时代的内涵和意义"内容时，建议先总结之前两部分内容，明确这两部分内容是否是中国特色社会主义进入新时代的依据，概括、理解新时代的内涵和进入新时代的意义。可搜集观看关于"构建人类命运共同体""一带一路""辉煌中国"等相关视频资料进一步理解中国为世界提供中国智慧、中国方案的贡献和从站起来、富起来到强起来的重大意义。

【歌曲赏析】

歌曲1：《天耀中华》

简介：《天耀中华》由何沐阳作词、谱曲，许明编曲，原唱为徐千雅。该首歌曲被选中作为2014年中央电视台春节联欢晚会零点压轴曲目，并由歌手姚贝娜演唱，随后广为流传。歌词有真情实感，唱出了每个中国人对中华民族的民族情感、责任情怀，能打动人心。另外其优美抒情的旋律也是其传唱全国的重要原因之一。

歌曲2：《我们的新时代》

简介：《我们的新时代》是由朱海作词，胡廷江作曲，阎维文、雷佳在2018年中央电视台春节联欢晚会中演唱的零点压轴歌曲，发行于2018年2月15日。歌曲描绘了新时代中国走向世界中心的舞台，人民幸福祥和，当圆梦的时刻扑面而来时，人们满怀豪情，充满自信，拥抱美好的未来的景象。歌曲流畅，唱出了中国的自信与力量。

【案例解析】

案例1：中国为什么要发展夜间经济

案例导读：

"夜间经济"仿佛一夜之间成为当下最时髦的概念。北京、上海、广州、天津、重庆、南京等城市相继出台促进夜间经济发展的相关举措，而且这种势头由一、二线城市逐渐向三、四线城市辐射。2019年8月27日，国务院办公厅印发《关于加快发展流通促进商业消费的意见》，提出要活跃夜间商业和市场。这一顶层设计出台是对中国夜间经济发展历史与现实的考量，也将进一步激发发展夜间经济的有利要素和巨大潜力。

案例呈现：

从历史看，从计划经济时代的"国营夜市"到市场经济大潮涌动催生的个体户小商贩集聚的"夜市"，再到大型"商圈"的出现，以及当下各地政府倡导的"夜间经济聚集区"（中国夜间经济3.0版本），夜间经济是中国经济社会不断发展繁荣的一面镜子。

从现实看，现阶段我国夜间消费中餐饮服务、购物零售供给比例较高，文艺演出、博物馆展览、经典游览等优质项目供给不足或发展单一，人们对于更高层次的夜间消费需求尚得不到满足。提出发展业态多元、体验丰富的夜间经济，是顺应人们对于精神文化追求之举，是我国经济高质量发展的必然要求，也是适应当前社会主要矛盾转化的内在选择。

——摘自人民网之"70年70问"大型全媒体系列报道

思考解答：

结合案例和专题内容，思考如何理解我国社会主要矛盾发生的变化？

_____

_____

_____

_____

_____

案例2：习近平勉励青年学子不负青春、不负韶华、不负时代

案例导读：

2020年9月17日下午，习近平总书记来到湖南大学岳麓书院考察调研。习近平对青年学子说："见到你们很高兴，让我想起岳麓书院的两句话，'惟楚有材，于斯为盛'。真是人才济济啊！"他表示，"于斯为盛"首先指的是湖湘大地代有人才出，涌现出许多报效祖国的栋梁之材。新时代是一个英雄辈出的时代，青年人正逢其时。习近平希望同学们不负青春、不负韶华、不负时代，珍惜时光，好好学习，掌握知识本领，树立正确的世界观、人生观、价值观，系好人生第一粒扣子，走好人生道路，为实现中华民族伟大复兴贡献聪明才智。

案例呈现：

http://news.cnr.cn/native/gd/20200918/t20200918_525266627.shtml

思考解答：

如何理解新时代的科学内涵？你认为新时代大学生的使命和担当是什么？

_____

_____

_____

_____

【 "四史"记忆 】

中国共产党第十九次全国代表大会

中国共产党第十九次全国代表大会于2017年10月18日至24日在北京举行。习近平代表第十八届中央委员会向大会作了题为《决胜全面建成小康社会 夺取新时代中国特色社会主义伟大胜利》的报告。大会的主题是：不忘初心，牢记使命，高举中国特色社会主义伟大旗帜，决胜全面建成小康社会，夺取新时代中国特色社会主义伟大胜利，为实现中华民族伟大复兴的中国梦不懈奋斗。

大会对我国发展历史方位做出了全新判断：中国特色社会主义进入新时代，我国社会主要矛盾已经转化为人民日益增长的美好生活需要和不平衡不充分的发展之间的矛盾。这是对五年来中国发展历史性成就和变革的深刻总结，也是对近40年来改革发展成果的历史回应，更是对未来中国发展的精准定位。

大会系统阐述了习近平新时代中国特色社会主义思想，将其内涵概括为"八个明确"和"十四个坚持"，并将这一思想写入党章，确立为党必须长期坚持的指导思想，实现了党的指导思想又一次与时俱进。

大会对新时代新的历史使命与新的奋斗目标进行了总体规划、战略安排，提出了新的"两步走"战略构想；紧扣新时代中国共产党的历史使命，以全局视野和战略眼光，对进行伟大斗争、建设伟大工程、推进伟大事业、实现伟大梦想作出了全面部署，意义重大而深远。

习近平指出，中国共产党第十九次全国代表大会，是在全面建成小康社会决胜阶段、中国特色社会主义进入新时代的关键时期召开的一次十分重要的大会。

这次会议举旗定向，引领未来，开启了中华民族全面建设社会主义现代化强国的新征程。

——参考中国政府网

【阅读书目推荐】

中共中央宣传部.习近平新时代中国特色社会主义思想三十讲[M].北京：学习出版社，2018.

简介：该书深入浅出、重点突出，分30个专题对习近平新时代中国特色社会主义思想进行了深入分析和解读阐释，可结合由中国共产党新闻网推出的《习近平新时代中国特色社会主义思想三十讲》配套学习课件进行参考学习。

【经典视频推荐】

《厉害了，我们的新时代》第一集《新时代什么样》

简介：六集通俗理论片《厉害了，我们的新时代》以"中国特色社会主义进入新时代"为主题，以党的十九大精神和习近平新时代中国特色社会主义思想为主线，邀请理论专家系统解读，青年学者和基层代表畅谈体会，场内外观众互动讨论，同时还引入观众喜爱的智能机器人、动画、饶舌说唱等趣味形式，生动地呈现新时代新思想的丰富内涵和重大部署，以社会大众特别是青年群体的视角领会十九大精神，学习习近平新时代中国特色社会主义思想，感悟新时代新征程新气象新作为。

其中，第一集《新时代什么样》围绕"中国特色社会主义进入新时代"这个党的十九大提出的重大政治判断展开，对中国特色社会主义进入新时代的科学依据、主要内涵、重大意义等话题进行了系统、生动的阐释。

视频链接：

http://news.cctv.com/2017/12/24/VIDEqSw2CR3o6A98teDTWhHF171224.shtml

【理论小贴士】

1."两个没有变"：习近平在党的十九大报告中指出，中国特色社会主义进入新时代，我国社会主要矛盾已经转化为人民日益增长的美好生活需要和不平衡不充分的发展之间的矛盾。他提醒全党："必须认识到，我国社会主要矛盾的变化，没有改变我们对我国社会主义所处历史阶段的判断，我国仍处于并将长期处于社会主义初级阶段的基本国情没有变，我国是世界最大发展中国家的国际地位没有变。"

2. "四个意识"：包括政治意识、大局意识、核心意识、看齐意识，是一个意蕴深刻、相互联系的有机整体，集中体现了根本的政治方向、政治立场、政治要求，是检验党员、干部政治素养的基本标准。"四个意识"最早是在2016年1月29日中共中央政治局会议上提出来的。习近平总书记在庆祝中国共产党成立95周年大会上的讲话强调，全党同志要增强政治意识、大局意识、核心意识、看齐意识，切实做到对党忠诚、为党分忧、为党担责、为党尽责。

【经典语录】

1. 新时代属于每一个人，每一个人都是新时代的见证者、开创者、建设者。

——习近平著，《在第十三届全国人民代表大会第一次会议上的讲话》，人民出版社，2018年

2. 时代是思想之母，实践是理论之源。实践发展永无止境，我们认识真理、进行理论创新就永无止境。

——习近平著，《习近平谈治国理政》（第二卷），外文出版社，2017年

专题十

习近平新时代中国特色社会主义思想的主要内容和历史地位

【专题导学】

一、学习目标

1. 掌握习近平新时代中国特色社会主义思想的主要内容。

2. 把握"八个明确"的科学内涵和逻辑关系。

3. 明确"十四个坚持"的基本方略。

4. 全面准确理解"八个明确"和"十四个坚持"之间的关系。

5. 准确把握习近平新时代中国特色社会主义思想的历史地位和指导意义。

二、重点和难点

（一）重点

1. 习近平新时代中国特色社会主义思想的主要内容。

2. "八个明确"和"十四个坚持"之间的关系。

3. 习近平新时代中国特色社会主义思想的历史地位和指导意义。

（二）难点

1. "八个明确"和"十四个坚持"之间的关系。

2. 习近平新时代中国特色社会主义思想的历史地位和指导意义。

三、主要学习内容

（一）习近平新时代中国特色社会主义思想的主要内容

党的十八大以来，以习近平同志为核心的党中央坚持进行艰辛理论探索并取得重大理论创新成果，创立了习近平新时代中国特色社会主义思想。习近平新时代中国特色社会主义思想内涵十分丰富，涵盖了经济、政治、法治、科技、文化、教育、民生、民族、宗教、社会、生态文明、国家安全、国防和军队、"一国两制"和祖国统一、统一战线、外交、党的建设等方面。坚持和发展中国特色社会主义，是习近平新时代中国特色社会主义思想的核心要义。

（二）"八个明确"和"十四个坚持"之间的关系

习近平新时代中国特色社会主义思想构成了一个系统完整、逻辑严密、相互贯通的思想理论体系。"八个明确"是理论层面、世界观层面的表述，回答的是新时代坚持和发展什么样的中国特色社会主义的问题；"十四个坚持"是实践层面、方法论层面的表述，回答的是新时代怎样坚持和发展中国特色社会主义的问题。"八个明确"和"十四个坚持"体现了习近平新时代中国特色社会主义思想理论与实践的统一。

（三）习近平新时代中国特色社会主义思想的历史地位

习近平新时代中国特色社会主义思想与马克思列宁主义、毛泽东思想、邓小平理论、"三个代表"重要思想、科学发展观既一脉相承又与时俱进，是马克思主义中国化最新成果，是新时代党和人民共同奋斗的精神旗帜，是全党全国各族人民为实现中华民族伟大复兴而奋斗的行动指南。党的十九大通过的党章修正案，把习近平新时代中国特色社会主义思想确立为党的指导思想，第十三届全国人大一次会议把习近平新时代中国特色社会主义思想载入宪法。

（四）习近平新时代中国特色社会主义思想的指导意义

从理论体系自身发展的角度来说，习近平新时代中国特色社会主义思想是中国特色社会主义理论体系的重要组成部分，丰富和发展了中国特色社会主义理论体系。从指导实践的角度来看，习近平新时代中国特色社会主义思想是全党全国人民为实现中华民族伟大复兴而奋斗的行动指南。

四、学习建议

1. 观看视频《习近平新时代中国特色社会主义思想三十讲》第一讲《习近平新时代中国特色社会主义思想是党和国家必须长期坚持的指导思想》，结合专题九的知识，分析习近平新时代中国特色社会主义思想产生的时代背景。

2. 观看视频《厉害了，我们的新时代》第三集《新思想新在哪》，明确习近平新时代中国特色社会主义思想的主要内容。对照教材目录，将习近平新时代中国特色社会主义思想的内容与各专题内容相比对、相结合，形成习近平新时代中国特色社会主义思想的整体知识框架，把握"八个明确"和"十四个坚持"之间的内在关系。

3. 阅读书籍《习近平谈治国理政》第一卷、第二卷、第三卷，知晓《习近平谈治国理政》一书的主要内容，并从该书的热销这一现象出发，分析习近平新时代中国特色社会主义思想的历史地位。

【歌曲赏析】

歌曲1：《向你看齐》

简介：在庆祝建党95周年之际，空军政治部文工团青年歌唱家刘一祯推出一首山东省作者创作的新歌——《向你看齐》。这是一首践行党的看齐意识的新歌。歌曲回顾了中国共产党95年的发展历程，歌颂了以习近平同志为核心的党中央继续改革、反腐倡廉的伟大实践，表达了向党看齐的坚定决心，歌词饱含深情，旋律优美动听。

歌曲 2：《中国道路》

简介：这是一首庆祝中华人民共和国成立 70 周年、歌颂祖国大好河山的歌曲，由车行作词，许晓杰作曲。整首歌演唱铿锵有力，大气磅礴，表达了中华儿女对祖国的热爱，也希望民族更加团结，中国道路越走越宽。

【案例解析】

案例 1：《习近平谈治国理政》（第三卷）中英文版出版发行

案例导读：

《习近平谈治国理政》第一卷、第二卷出版以来，在国内外产生了强烈反响。党的十九大以来，习近平总书记在领导推进新时代治国理政的实践中，又发表一系列重要论述，提出许多具有原创性、时代性、指导性的重大思想观点，进一步丰富和发展了党的理论创新成果。由中央宣传部（国务院新闻办公室）会同中央党史和文献研究院、中国外文局编辑的《习近平谈治国理政》第三卷，由外文出版社以中英文版出版，已面向海内外发行。

案例呈现：

党的十九大把习近平新时代中国特色社会主义思想确立为党必须长期坚持的指导思想并写入党章，十三届全国人大一次会议把这一重要思想载入宪法，实现了党和国家指导思想的与时俱进。习近平新时代中国特色社会主义思想是新时代中国共产党的思想旗帜，是国家政治生活和社会生活的根本指针，是当代中国马克思主义、21 世纪马克思主义，为实现中华民族伟大复兴提供了行动指南。

《习近平谈治国理政》第三卷收入了习近平总书记在 2017 年 10 月 18 日至 2020 年 1 月 13 日期间的报告、讲话、谈话、演讲、批示、指示、贺信等 92 篇，分为 19 个专题。为了便于读者阅读，该书作了必要注释。

《习近平谈治国理政》第三卷生动记录了党的十九大以来以习近平同志为核心的党中央，着眼中华民族伟大复兴的战略全局和世界百年未有之大变局，不忘初心、牢记使命，统揽伟大斗争、伟大工程、伟大事业、伟大梦想，团结带领全党全国各族人民推动党和国家各项事业取得新的重大进展的伟大实践，集中展示了马克思主义中国化的最新成果，充分体现了我们党为推动构建人类命运共同体贡献的智慧方案，是全面系统反映习近平新时代中国特色社会主义思想的权威著作。

——摘自新华网，2020 年 6 月 30 日

思考解答：

结合案例，谈谈习近平新时代中国特色社会主义思想的历史地位。

案例2：习近平新时代中国特色社会主义思想的"四梁八柱"

案例导读：

时代是思想之母，实践是理论之源。中国特色社会主义进入新时代，中国和世界都发生着广泛深刻的变革。新机遇新挑战层出不穷，中国日益走向世界舞台的中央。中国正在发生着让世界称奇的变化，奥秘何在？归根结底在于用习近平新时代中国特色社会主义思想作为科学指引。

案例呈现：

http://tv.people.com.cn/n1/2018/0626/c61600-30086061.html

思考解答：

结合视频案例，明确习近平新时代中国特色社会主义思想的核心要义，分析"八个明确"和"十四个坚持"之间的内在关系。

【 "四史"记忆 】

共和国70周年庆典

2019年10月1日，清晨6时10分，伴随一轮朝阳从东方冉冉升起，天安门广场迎来国庆日的第一缕阳光。修葺一新的天安门城楼庄严雄伟，城楼红墙正中悬挂着新中国缔造者毛泽东同志的巨幅彩色画像。披上节日盛装的天安门广场上，人民英雄纪念碑巍峨矗立，"国庆""1949""2019"立体字分外醒目，两条"红飘带"大型主题景观寓意红色基因连接历史、现实和未来，70盏红灯笼高悬在广场东西两侧。

10时整，庆祝大会开始，70响礼炮响彻云霄。伴随着第一声礼炮响起，222名国旗护卫队官兵在人民英雄纪念碑平台列队，护卫着五星红旗阔步迈向天安门广场北端的升旗区。10时05分，1 300多人组成的中国人民解放军联合军乐团奏响中华人民共和国国歌，全场起立齐声高唱。

10时06分，习近平在天安门城楼上发表重要讲话："今天，社会主义中国巍然屹立在世界东方，没有任何力量能够撼动我们伟大祖国的地位，没有任何力量能够阻挡中国人民和中华民族的前进步伐。""全党全军全国各族人民要更加紧密地团结起来，不忘初心、牢记使命，继续把我们的人民共和国巩固好、发展好，继续为实现'两个一百年'奋斗目标、实现中华民族伟大复兴的中国梦而努力奋斗！"

10时15分，标兵就位，阅兵仪式开始。在激扬的号角声中，习近平乘坐红旗检阅车，经过金水桥，驶上长安街。这是新中国的第15次国庆阅兵，是中国特色社会主义进入新时代的首次国庆阅兵，也是共和国武装力量改革重塑后的首次整体亮相。

10时43分，3架载旗直升机依次飞过天安门广场上空，党旗、国旗、军旗迎风飘扬，紧随其后的20架直升机组成巨大"70"字样……这次国庆阅兵编有59个方队梯队，受阅官兵近1.5万人，受阅各型飞机160余架、装备580台套，是近几次阅兵中规模最大的一次。

中华人民共和国70年奇迹雄辩地证明：只有中国共产党才能领导中国，只有社会主义才能救中国，只有改革开放才能发展中国、发展社会主义、发展马克思主义，只有中国特色社会主义才能引领中国走向繁荣富强。

——参考新华网，2019年10月1日

【阅读书目推荐】

中共中央宣传部.习近平新时代中国特色社会主义思想学习纲要[M].北京:学习出版社，2019.

简介：《习近平新时代中国特色社会主义思想学习纲要》（以下简称《纲要》）对习近平新时代中国特色社会主义思想作了全面、系统的阐述。《纲要》深入分析了习近平新时代中国特色社会主义思想的时代意义、理论意义、实践意义、世界意义；系统研究了习近平新时代中国特色社会主义思想的基本精神、基本内容、基本要求；科学揭示了习近平新时代中国特色社会主义思想的核心要义、精神实质、丰富内涵、实践要求，是我们学习领会习近平新时代中国特色社会主义思想的重要辅助读物。

【经典视频推荐】

微视频《今天我学习》

简介：《今天我学习》是为推动习近平新时代中国特色社会主义思想和党的十九大精神深入人心，落地生根，学习出版社精心制作的13集微视频。该系列微视频以习近平新时代中国特色社会主义思想为指导，紧密联系新时代中国特色社会主义生动实践，紧密联系干部群众思想实际，用动画形式生动地对13个重大理论和实践问题进行了深入浅出的解读、阐释。

视频链接：

http://news.cctv.com/2018/06/19/VIDEHhwU2503JSQ7nib
LcrDJ180619.shtml

【理论小贴士】

1. 中国特色社会主义道路：在中国共产党领导下，立足基本国情，以经济建设为中心，坚持四项基本原则，坚持改革开放，解放和发展社会生产力，建设中国特色社会主义市场经济、社会主义民主政治、社会主义先进文化、社会主义和谐社会、社会主义生态文明，促进人的全面发展，逐步实现全体人民共同富裕，建设富强民主文明和谐美丽的社会主义现代化强国。

2. "四个伟大"："四个伟大"即伟大斗争、伟大工程、伟大事业、伟大梦想。伟大斗争的完整表述是"必须进行具有许多新的历史特点的伟大斗争"，这个表述在党的十八大报告中第一次出现；伟大工程是指推进党的建设；伟大事业就是中国特色社会主义伟大事业，党的十九大报告指出，中国特色社会主义是改革开放以来党的全部理论和实践的主题；伟大梦想是实现中华民族伟大复兴的中国梦。习近平总书记指出，"在新的时代条件下，我们要进行伟大斗争、建设伟大工程、推进伟大事业、实现伟大梦想。"

【经典语录】

1. 社会主义中国发展到今天，取得的成就不是天上掉下来的，更不是别人恩赐施舍的，而是广大人民群众在党的领导下用勤劳、智慧、勇气干出来的！在我们这么一个有着14亿人口的国家，每个人出一份力就能汇聚成排山倒海的磅礴力量，每个人做成一件事、干好一件工作，党和国家事业就能向前推进一步。

——习近平在基层代表座谈会上的讲话，2020年9月17日

2. 社会主义是干出来的，幸福是奋斗出来的。有党和政府持续努力，有各族群众不懈奋斗，今后的生活一定会更好更幸福。

——习近平在宁夏考察时的讲话，2020年6月8日至10日

专题十一

坚持和发展中国特色社会主义的总任务

【专题导学】

一、学习目标

1. 掌握新时代中国特色社会主义的总任务，明确实现总任务的时间表、路线图和战略安排。

2. 分析和把握全面建设社会主义现代化国家与中国梦的内在逻辑关系。

3. 科学理解新时代"两步走"战略安排的历史逻辑与时代内涵，在开启全面建设社会主义现代化国家的重要历史时刻，明确新时代坚持和发展中国特色社会主义的总任务的目标性和阶段性特征。

4. 使学生增强实现中华民族伟大复兴的自豪感，增进坚持和发展新时代中国特色社会主义的自信心，切实提升对国家和民族的责任意识和担当精神，引导学生自觉融入建设社会主义现代化强国的新征程。

二、重点和难点

（一）重点

1. 中华民族近代以来最伟大的梦想。

2. 中华民族伟大复兴中国梦的科学内涵。

3. 奋力实现中国梦。

4. 开启全面建设社会主义现代化国家的新征程。

（二）难点

1. 中华民族近代以来最伟大的梦想。

2. 开启全面建设社会主义现代化国家的新征程，明确开启全面建设社会主义现代化国家的新征程的两个重要时间节点，正确认识2035年基本实现社会主义现代化国家的远景目标。掌握"两个一百年"目标的时间节点。

三、主要学习内容

（一）新时代中国特色社会主义总任务的主要内容

坚持和发展中国特色社会主义的总任务是实现社会主义现代化和中华民族伟大复

兴，在全面建成小康社会的基础上，分两步走在本世纪（21世纪）中叶建成富强民主文明和谐美丽的社会主义现代化强国。中国梦是中华民族伟大复兴的形象表达。中国梦反映了近代以来一代又一代中国人的美好夙愿，进一步揭示了中华民族的历史命运和当代中国的发展走向，指明了全党、全国各族人民共同的奋斗目标。这一重要战略思想，是以习近平同志为核心的党中央对全体人民的庄严承诺，是党和国家面向未来的政治宣言，充分体现了我们党高度的历史担当和使命追求，为坚持和发展中国特色社会主义注入了崭新的内涵。

（二）中国梦视野宽广、内涵丰富、意蕴深远

"中国梦的本质是国家富强、民族振兴、人民幸福。"这个梦想，把国家的追求、民族的向往、人民的期盼融为一体，体现了中华民族和中国人民的整体利益，表达了每一个中华儿女的共同愿景。实现中国梦必须走中国道路、弘扬中国精神、凝聚中国力量。

（三）全面建设社会主义现代化国家的进程分两个阶段的战略安排

第一个阶段，从2020年到2035年，在全面建成小康社会的基础上，再奋斗15年，基本实现社会主义现代化。第二个阶段，从2035年到本世纪中叶，在基本实现现代化的基础上，再奋斗15年，把我国建成富强民主文明和谐美丽的社会主义现代化强国。从全面建成小康社会到基本实现现代化，再到全面建成社会主义现代化强国，是新时代中国特色社会主义发展的战略安排。

四、学习建议

1. 通过观看视频《习近平新时代中国特色社会主义思想三十讲》第三讲《实现中华民族伟大复兴是近代以来中华民族最伟大的梦想》，观看国家博物馆《复兴之路》数字展览，追溯历史，回顾我国近代以来的沧桑巨变，深刻理解实现中华民族伟大复兴就是近代以来中华民族最伟大的梦想。

2. 通过观看视频《厉害了，我们的新时代》第二集《新使命是什么》,《今天我学习》第五集《如何理解新时代中国共产党的历史使命》，深刻体会中华民族伟大复兴中国梦的科学内涵，同学们可以将自身的梦想与中国梦结合，并从追梦人视角进行讨论，如何奋力实现中国梦。

3. 阅读文章《从"四个现代化"到"两个一百年"》，观看视频《初级阶段发展战略的形成》，了解我国各个时期的战略目标，知晓建设社会主义现代化强国是我们党一以贯之的目标，明确全面建设社会主义现代化强国，是我们党在新时代的历史背景下开启的新征程。

4. 观看视频《这5年，是什么改变了你我，改变了中国？》和阅读《开启全面建设社会主义现代化国家新征程——从党的十九届五中全会看中国未来发展》，结合

十九届五中全会精神，感受中国过去五年的巨变，了解国家2035年远景目标，明确新时代中国特色社会主义发展的战略安排，写下自己与2035年的约定。

【歌曲赏析】

歌曲1：《中国梦》

简介：《中国梦》由杨湘粤作词、崔臻和作曲，是一首饱含深情的时代壮歌，是充满蓬勃梦想的民心代言。歌曲有着深厚的民族历史文化内涵，讴歌了新时期共产党人与人民携手共进、实现中华民族伟大复兴的光辉历程，展现了中华民族为实现中国梦和强国梦而矢志追求的精神气概。

歌曲2：《幸福中国一起走》

简介：《幸福中国一起走》是张也演唱的一首歌曲，由李劲作词、栾凯作曲。该单曲于2017年12月11日发行。2019年4月23日，该作品获得金曲盛典华语民歌金奖。《幸福中国一起走》歌词采撷民间俗语、百姓口语、时代新语，凝练简约，温情脉脉。音乐旋律传统特色鲜明，民族气息浓郁，曲调优美、朗朗上口。音乐曲风欢快而又喜庆，却不失深情。《幸福中国一起走》这首作品展现了新时代人们的新面貌。

【案例解析】

案例1：我和2035有个约

案例导读：

2018年6月7日，首批"00"后考生步入高考考场。走进考场的"千禧宝宝"们意外地收到了一份特殊礼物："千禧宝宝"版定制作文题，作文内容是：一代人有一代人的际遇和机缘、使命和挑战。你们与新世纪的中国一路同行、成长，和中国的新时代一起追梦。请据此写一篇文章，想象它装进"时光瓶"，留待2035年开启，给那时18岁的一代人阅读。下文呈现的是其中的一篇高考作文。

案例呈现：

此刻读信的你，或许正同写信的我一样，冥思苦想，奋战着高考语文的最后一题。摆在我们面前的，都只有一份试卷、一支钢笔。但窗外的点点滴滴，早已翻天覆地。18岁的我，正跟随广大人民的脚步，迈向全面建成小康社会的新时期；18岁的你，已在社会主义现代化国家的土地上茁壮成长。

我今年18岁，刚刚跨过成年的关键期。遥想当年，我踏着21世纪的鼓点呱呱坠地。牙牙学语之时，朦胧地看见日历上"2000"这个整齐漂亮的数字，听着耳边"龙宝宝""千禧宝宝"的啧啧称赞，我不明白它们的含义，却能清晰地感觉到：我，我们这一代，被时代寄予厚望。我们这一代人的成长与国家的发展有着与生俱来的紧密联系，国家与时代给了我们"龙宝宝""千禧宝宝"使命与责任，我们要为国家的发展、民族的复兴贡献力量。

……

当然，你要意识到，任何时代的社会形态都会存在一定的漏洞。就拿你走在大街上随处可见的互联网元素来说吧。我想起2007年，当我还只知道用鼠标点"e"标志就可以上网看新闻、点企鹅标志就可以和同学聊天的时候，中国网民人数已突破7亿。互联网的普及，让我们这一代青年人的成长与国家的发展更加紧密地联系在一起，我们早已可以足不出户而知天下事，此时正在蓬勃兴起的人工智能、大数据，让中国站在了第四次科技革命的前沿。我深信，中国引领世界科技潮流的重担早已落在我们的肩上，我们需要为中国的科技发展注入我们的青春活力。我更坚信，2035年的你必将生活在一个科技更加发达的中国，你们的成长与我们的努力奋斗以及国家的命运，是一个共同体，我们都应为生活在这样一个伟大的时代和伟大的国度而自豪。

朋友，此刻写信的我，作为18岁成年人、应承担起社会责任的我，正思考着未来如何通过大学四年的学习，为全面建成小康社会添砖加瓦。身处2035年的你要知道：你所生活的现代化社会主义国家，正是千千万万个像我这样的热血青年，用18岁到35岁这多年的大好青春铸就的。两个18岁，时代的接力棒将你我紧密相连。如何实现从2035到2050年的飞跃，实现从基本实现现代化到建成现代化强国的宏伟目标，靠的是你们这一代人的拼搏努力。世界是我们的，也是你们的，但归根结底是你们的。朋友，若你读信后能有所启发，进而立志为中国梦而奋斗，那我写此一信，足慰平生。

愿2050年的你能像我一样，有足够底气地向你的下一代说起你为中国梦的实现而奉献出青春的动人故事。

——摘自高考网，2018年11月2日

思考解答：

结合案例内容及新时代中国特色社会主义发展的战略安排，写下你与2035年的约定。

_____

_____

_____

_____

_____

案例2："燃灯"校长张桂梅

案例导读：

她像一盏明灯，在漆黑的夜里，为大山女孩照亮人生前进的路。她四处奔走，创办全国第一所免费女子高中，12年间让1 800多名女孩考入大学，走出大山。她十几年如一日，从清晨到深夜，陪着学生跑操、上课、吃饭、自习，没有一刻停歇。她没有儿女，没有财产，但那些被她的光芒照耀、温暖着的大山女孩，都是她的孩子。她今年63岁，爬楼梯十分吃力，每天早上起床时，脚疼得不敢着地。翻阅她的诊断书，上面罗列着骨瘤、肺气肿、小脑萎缩等17种疾病。打开她的办公桌抽屉，大大小小几十个药瓶，大多数都是止疼药，但她仍在咬牙坚持。

这是一名人民教师、一名共产党人对大山的承诺。

案例呈现：

http://education.news.cn/2020-09/16/c_1210803034.htm

思考解答：

结合案例，谈谈中国梦与个人梦之间的关系。如何实现中国梦？

_____

_____

_____

_____

_____

【"四史"记忆】

"三步走"战略

1987年4月，邓小平在会见西班牙客人格拉时对"三步走"战略构想作出完整论述，他指出："我们原定的目标是，第一步在80年代翻一番。以1980年为基数，当时国民生产总值人均只有250美元，翻一番，达到500美元。第二步是到本世纪末，再翻一番，人均达到1 000美元。实现这个目标意味着我们进入小康社会，把贫困的中国变成小康的中国。那时国民生产总值超过一万亿美元，虽然人均数还很低，但是国家的力量有很大增加。我们制定的目标更重要的还是第三步，在下世纪用30年到50年再翻两番，大体上达到人均4 000美元。做到这一步，中国就达到中等发达水平。"

根据邓小平这一构想，1987年10月，党的十三大正式确定了分"三步走"实现现代化的战略部署，即：第一步实现国民生产总值比1980年翻一番，解决人民的温饱问题；第二步到20世纪末，使国民生产总值再增长一倍，人民生活达到小康水平；第三步到21世纪中叶，人均国民生产总值达到中等发达国家水平，人民生活比较富裕，基本实现现代化。

2000年，我们已胜利地实现了"三步走"战略的第一、第二步目标，全国人民的生活总体上达到了小康水平，人均GDP达到848美元，实现了从温饱到小康的历史性跨越。这是中华民族发展史上的一个里程碑。在当时历史条件下，邓小平设计的"三步走"战略，对第三步只作了一个大致的构想。

江泽民同志在党的十五大上指出：21世纪我们的目标是，第一个十年实现国民生产总值比2000年翻一番，使人民的小康生活更加宽裕，形成比较完善的社会主义市场经济体制；再经过十年的努力，到建党一百年时，使国民经济更加发展，各项制度更加完善；到世纪中叶建国一百年时，基本实现现代化，建成富强民主文明的社会主义国家。这实际上提出了一个新的"三步走"发展战略。即第一步从2000年到2010年实现国民生产总值比2000年翻一番，人民的小康生活更加宽裕，形成比较完善的社会主义市场经济体制；第二步从2010年到2020年，实现国内生产总值比2000年翻两番；第三步从2020年到2050年，通过30年的奋斗，基本实现现代化。

"三步走"战略是我们党坚持解放思想、实事求是，从中国国情出发的体现，不但使我国的社会主义现代化建设有了坚实的群众基础，而且从根本上剔除了急于求成的"左"倾思想和做法，保证了社会主义现代化建设的健康进行。同时，它从人民生活水平不断提高的角度来描述社会主义现代化的实现过程，体现了中国共产党的人民利益观和"人民是创造历史的动力"这一历史唯物主义思想。

——参考中国经济网，2008年12月29日

【阅读书目推荐】

中国特色社会主义发展史课题组.伟大的复兴——新时代中国特色社会主义总任务[M].北京：人民日报出版社，2017.

简介：该书在深入学习研究十九大报告的基础上，总结阐述了党的十八大以来，在习近平新时代中国特色社会主义思想的指导下，以习近平同志为核心的党中央不忘初心、砥砺奋进，统筹推进"五位一体"总体布局，协调推进"四个全面"战略布局，取得的中国特色社会主义事业和中华民族伟大复兴的伟大成就。该书是全面学习和准确理解党的十九大精神及习近平新时代中国特色社会主义思想的辅导读物。

【经典视频推荐】

电视政论片《百年潮·中国梦》全集

简介：《百年潮·中国梦》是由中共中央宣传部组织，学习出版社、中央电视台联合拍摄的大型电视政论片。《百年潮·中国梦》共五集，第一集《百年追梦》主要讲述中国梦的由来、什么是中国梦、怎样理解中国梦、中国梦的提出引发的"世界回响"以及中国梦的基本内涵。第二集《中国道路》论述了中国向何处去，指出中国必须走中国特色社会主义道路，坚持和发展中国特色社会主义必须始终以社会主义初级阶段为总依据。第三集《中国精神》讲述了中国精神的基本内涵，就是以爱国主义为核心的民族精神和以改革创新为核心的时代精神。论述了中国精神是凝心聚力的兴国之魂、强国之魄，中国精神对中华优秀传统文化核心理念的继承和发扬，全社会的思想道德建设是中国人精神家园的不竭源泉。第四集《中国力量》论述了实现中国梦必须凝聚中国力量，这就是中国各族人民大团结的力量。中国梦是民族梦，也是每个人的梦。第四集还论述了凝聚中国力量，基础是经济实力，核心是文化力量，关键是制度保障等问题。第五集《筑梦天下》论述了中国梦是人类社会共同梦想中的一块美妙拼图，因而中国梦是维护世界和平之梦，是推动合作共赢之梦。第五集还论述了中国梦对世界意味着什么。

视频链接：

http://tv.cntv.cn/videoset/VSET100194919168

【理论小贴士】

1. 中国梦：中国梦是中华民族伟大复兴的形象表达，是指我国综合国力进一步增强，中国特色社会主义事业进一步发展和完善。中国梦的本质是国家富强、民族振兴、人民幸福。国家富强、民族振兴，就是通过自身的不断发展与强大，继承并创造中华民族的优秀文化和先进的文明成果，进而使中华民族再次处于世界领先的地位，再次以高昂的姿态屹立于世界民族之林。人民幸福，就是人民权利保障更加充分、人人得享共同发展，生活在伟大祖国和伟大时代的中国人民，共同享有人生出彩的机会，共同享有梦想成真的机会，共同享有同祖国和时代一起成长与进步的机会。

2. "两个一百年"奋斗目标：这是建设中国特色社会主义的奋斗目标。2012年11月，党的十八大提出，在中国共产党成立100年时全面建成小康社会；在新中国成立100年时建成富强民主文明和谐的社会主义国家。党的十九大提出新时代中国特色社会主义发展的战略安排：第一个阶段，从2020年到2035年，在全面建成小康社会的基础上，再奋斗15年，基本实现社会主义现代化；第二个阶段，从2035年到本世纪中叶，在基本实现现代化的基础上，再奋斗15年，把我国建成富强民主文明和谐美丽的社会主义现代化强国。

【经典语录】

1. 奋斗创造历史，实干成就未来。

——习近平在2020年春节团拜会上的讲话，2020年1月23日

2. 中国梦是国家的、民族的，也是每一个中国人的。国家好、民族好，大家才会好。只有每个人都为美好梦想而奋斗，才能汇聚起实现中国梦的磅礴力量。

——习近平著，《习近平谈治国理政》（第一卷），外文出版社，2014年

专题十二

建设现代化经济体系

【专题导学】

一、学习目标

1. 深刻把握"创新、协调、绿色、发展、开放、共享"新发展理念的科学内涵、理论意义和现实意义。

2. 了解贯彻新发展理念、建设现代化经济体系必须坚持供给侧结构性改革。坚持质量第一、效益优先，以供给侧结构性改革为主线，推动经济发展质量变革、效率变革、动力变革，提高全要素生产率。

3. 了解党的十八大以来，我国经济已由高速增长阶段转向高质量发展阶段，正处在转变发展方式、优化经济结构、转换增长动力的攻关期，建设现代化经济体系是跨越关口的迫切要求和我国发展的战略目标。

二、重点和难点

（一）重点

1. 新发展理念的科学内涵、相互关系和基本要求。

2. 新发展理念的理论意义和现实意义，尤其是新发展理念对中国特色社会主义政治经济学的贡献。

3. 供给侧结构性改革提出的时代背景及措施。

4. 建设现代化经济体系的主要任务。

（二）难点

1. 供给侧结构性改革的措施。

2. 建设现代化经济体系的主要任务。

三、主要学习内容

（一）贯彻新发展理念

新发展理念是中国共产党关于发展理论的重大升华，是习近平新时代中国特色社会主义经济思想的主要内容。新发展理念，深刻反思了人类社会发展的历史经验，是对当代世界各种发展理念的借鉴和超越，是对改革开放以来我国发展经验教训的系统总结，是对马克思主义发展思想的继承和丰富。

创新是引领发展的第一动力；协调是持续健康发展的内在要求；绿色是永续发展的必要条件；开放是国家繁荣发展的必由之路；共享是中国特色社会主义的本质要求。

新发展理念的五个方面是相互贯通、相互促进的，是具有内在联系的集合体。创新注重的是解决发展动力问题，协调注重的是解决发展不平衡问题，绿色注重的是解决人与自然和谐问题，开放注重的是解决发展内外联动问题，共享注重的是解决社会公平正义问题。

（二）深化供给侧结构性改革

提出推进供给侧结构性改革并将之作为经济工作的主线，是以习近平同志为核心的党中央在深刻分析、准确把握我国现阶段经济运行主要矛盾的基础上作出的重大决策，是重大理论创新和实践创新。在新时代，满足人民日益增长的美好生活需要、解决发展不平衡不充分问题、推动经济高质量发展，都要求深化供给侧结构性改革。

深化供给侧结构性改革必须推进增长动能转换，以加快发展先进制造业为重点全面提升实体经济；必须深化要素市场化配置改革，实现由以价取胜向以质取胜的转变；必须加大人力资本培育力度，更加注重调动和保护人的积极性；必须持续推进"三去一降一补"，优化市场供求结构。

（三）建设现代化经济体系

现代化经济体系，是由社会经济活动各个环节、各个层面、各个领域的相互关系和内在联系构成的一个有机整体。充分发挥市场作用、更好地发挥政府作用的经济体制是现代化经济体系的起点和基础；创新引领、协同发展的产业体系，彰显优势、协调联动的城乡区域发展体系和资源节约、环境友好的绿色发展体系是现代化经济体系的内在驱动；统一开放、竞争有序的市场体系和多元平衡、安全高效的全面开放体系是现代化经济体系的实现条件；体现效率、促进公平的收入分配体系是现代化经济体系的目标。

建设现代化经济体系是我国发展的战略目标，也是转变经济发展方式、优化经济结构、转换经济增长动力的迫切要求。建设现代化经济体系，需要扎实管用的政策举措和行动。要突出抓好以下几方面工作：一是大力发展实体经济，筑牢现代化经济体系的坚实基础；二是加快实施创新驱动发展战略，强化现代化经济体系的战略科技力量；三是激发各类市场主体活力；四是积极推动城乡区域协调发展；五是着力发展开放型经济；六是深化经济体制改革，完善现代化经济体系的制度保障。

四、学习建议

1. 观看视频《习近平新时代中国特色社会主义思想三十讲》第十讲《坚定不移贯彻新发展理念》和《70年70问》之《为什么中国快递这么便利？》，结合自己的生活、学习经历，如网络视频、网络资源的获取，支付方式的变化，线上线下便捷购物的体验，体会贯彻新发展理念的重要现实意义。

2. 阅读文章《解码京东方：一块屏的供给侧改革之路》，观看《新闻联播》中"京东方：供给侧改革成功案例"，从一家企业的蜕变中体会建设现代化经济体系必须坚持供给侧结构性改革，理解供给侧结构性改革的措施。

3. 2020年新冠肺炎疫情对中国及世界经济发展带来前所未有的冲击，面对错综复杂的国内外环境，中国经济持续稳定恢复。阅读文章《疫情倒逼数字经济发展，新业态新模式催生新职业》以及美国抵制华为的相关报道，结合自己的亲身感受，理解构建现代化经济体系的主要任务。

【歌曲赏析】

歌曲1：《越来越好》

简介：歌曲《越来越好》，由车行作词、李昕作曲、宋祖英演唱。这是一首在新千年来临之际，在我国人民生活总体上达到小康水平之时，表达人们内心喜悦与希望的歌曲。这首歌的歌词通俗流畅，旋律欢快活泼，将人们生活的从容惬意与对未来的美好憧憬尽情展现。

歌曲2：《砥砺奋进》

简介：为庆祝党的十九大胜利召开，触电新闻联袂广东资深音乐人陈辉权、梁天山，广东歌手东山少爷和广东台主持人一起细数广东五年的经济发展变化。歌曲大胆融合了粤曲经典元素，混搭嘻哈，以普通话和粤语、潮语、客家语三种方言唱响广东。

【案例解析】

案例1：占GDP比重超三成——数字经济改变中国

案例导读：

36.2%——这是2019年数字经济在我国GDP结构中所占的比重。与不断增长的数字相对应的，是其带来的深刻变革。从移动支付、直播电商到共享出行、工业互联……"十三五"期间，一大批数字技术应用走进现实，潜移默化地渗透进生产、生活。数字经济加快推进，为国内发展注入强劲动力，也为世界经济增添亮色。

案例呈现：

出门前，一键点单预约早餐，点击手机共享出行；上班时，使用在线软件远程开会，依据智能系统跟进工作进度……这是当下很多人的日常生活。

中国信息通信研究院最新发布的《中国数字经济发展白皮书（2020年）》显示，2019

年我国数字经济增加值规模达到35.8万亿元，占GDP比重达到36.2%。

从电信普遍服务、4G大规模普及到5G商用全面提速，"十三五"期间，网络基础建设加快发展、提速降费持续推进，夯实了数字基础，降低了数字门槛。大数据、云计算等新一代信息技术创新突破，智能化生产方式演进升级，平台经济迅速崛起，数字技术形成强大的创新活力，数字经济成为发展新引擎。

快速发展的同时，数字经济也发生着结构性变化。

企业数字化研发设计工具普及率和关键工序数控化率分别达到71.5%和51.1%，产业数字化增加值占数字经济比重达80.2%，制造业成为数字经济"主战场"。

移动政务、智慧城市加快推进，数字乡村战略全面实施，数字技术催生的新模式、新业态等，都成为脱贫攻坚战的"新利器"……变革向更广阔领域延伸。

"'数字中国'已不仅是经济概念，而是渗透在社会发展的每个环节。"工信部信息通信发展司司长闻库说。面向未来，要发挥数字经济的引领作用，加强战略规划，加大研发攻关，加快应用融合，让数字经济为我国经济发展培育更多新优势，让我们在数字时代的竞争中赢得主动。

——摘自新华网，2020年9月27日

思考解答：

结合案例，谈谈数字经济在加快实施创新驱动发展战略、激发各类市场主体活力中的作用。

_____

_____

_____

_____

_____

案例2：不黑不吹！中国制造到底什么水平？

案例导读：

提起"MADE IN CHINA"你会想到什么？鞋子、服饰、打火机等。曾有博主挑战在美国24小时不用"中国制造"，结果只能披块绿布出门，甚至连iPhone都要"上缴"，因为这也是中国组装的。根据联合国工业发展组织数据，我国是世界上唯一拥有联合国产业分类中全部工业门类的国家。什么是制造业？中国的制造业到底什么水平，对国家意味着什么？为什么制造业一定要抓在自己手里呢？

案例呈现：

https://apiapp.people.cn/a/a/m/content_wap_291363.shtml

思考解答：

结合案例，思考发展制造业对新时代推进现代化经济体系建设有什么作用。

_____

_____

_____

_____

【"四史"记忆】

首届中国国际进口博览会

2017年5月初夏的北京，在"一带一路"国际合作高峰论坛上，习近平主席宣布，中国将从2018年起举办中国国际进口博览会。经过一年多筹备，首届中国国际进口博览会于2018年11月5日正式开幕！这届进博会以"新时代、共享未来"为主题，共有172个国家、地区和国际组织参会，3 600多家企业参展，展览总面积达30万平方米，超过40万名境内外采购商到会洽谈采购。

在中国国际进口博览会上，"人类命运共同体"理念滋养、催生更加开放的世界情怀，中国有信心、有能力为推动经济全球化注入强大正能量。在此次进博会上，习近平主席用下面一段话，向世界宣示对未来中国经济发展前景的信心。"中国经济是一片大海，而不是一个小池塘。大海有风平浪静之时，也有风狂雨骤之时。没有风狂雨骤，那就不是大海了。狂风骤雨可以掀翻小池塘，但不能掀翻大海。经历了无数次狂风骤雨，大海依旧在那儿！经历了5 000多年的艰难困苦，中国依旧在这儿！面向未来，中国将永远在这儿！"

中国国际进口博览会是由习近平主席亲自谋划、亲自提出、亲自部署推动的迄今为止世界上第一个以进口为主题的国家级展会。正值纪念改革开放40周年前夕，中国举办首届国际进口博览会，不仅开创了现代国际贸易的先河，也是中国站在新的历史起点上以全新的姿态主动开放市场的行动昭示，为当前仍复苏乏力的世界贸易释放了信心、增添了亮色、激发了动力。

——摘自求是网，2018年11月6日

【阅读书目推荐】

中共中央组织部.贯彻落实习近平新时代中国特色社会主义思想、在改革发展稳定中攻坚克难案例·经济建设[M].北京：党建读物出版社，2019.

简介：在中央组织部统一组织下，中央财经委员会办公室牵头会同有关部门和中央媒体、重点高校、干部教育培训机构等，精心挑选了26个践行习近平新时代中国特色社会主义经济思想的典型案例。这些典型案例具有强烈的问题导向、鲜明的实践特征和广泛的示范效应，对持续深入学习贯彻习近平新时代中国特色社会主义思想、提高党员干部攻坚克难本领、激励党员干部担当作为具有重要作用。

【经典视频推荐】

纪录片：《辉煌中国》全集

简介：《辉煌中国》是由中共中央宣传部、中央电视台联合制作的电视纪录片。全片共六集，分别是《圆梦工程》《创新活力》《协调发展》《绿色家园》《共享小康》《开放中国》，以创新、协调、绿色、开放、共享的新发展理念为脉络，全面反映了党的十八大以来，在以习近平同志为核心的党中央带领下，全国各族人民砥砺奋进、真抓实干，中国经济社会发展取得的历史性成就，充分展示五年来中国人民更多的获得感、安全感、幸福感、自豪感，真实记录中华民族实现从站起来、富起来到强起来的历史性飞跃，为中国特色社会主义进入新时代提供了可视的依据。

视频链接：

http://tv.cctv.com/2017/09/13/VIDA91zFKSCcaGBQ3rfEGz7y170913.shtml

【理论小贴士】

1."六稳六保"：中央首次提出"六稳"是在2018年7月。当时，中美贸易摩擦加剧，外部环境发生明显变化，经济运行稳中有变，稳中有忧。中央审时度势，旗帜鲜明地提出"要做好稳就业、稳金融、稳外贸、稳外资、稳投资、稳预期工作"，把"六稳"作为实现中国经济稳中求进的基本要求。2020年疫情冲击下，经济大循环按下"暂停键"，各部门的生产、分配、交换、消费活动被冻结，经济产出严重缩水，家庭、企业、政府部门内的经济主体收入锐减，陷入流动性危机。中央提出"保居民就业、保基本民生、保市场主体、保粮食能源安全、保产业链供应链稳定、保基层运转。""六稳"是大局，"六保"是前提。当前情况下，只有全面落实好"六保"才能做到"六稳"。

2. 高质量发展：高质量发展就是能够很好满足人民日益增长的美好生活需要的发展，是体现新发展理念的发展，是创新成为第一动力、协调成为内生特点、绿色成为普遍形态、开放成为必由之路、共享成为根本目的的发展。高质量发展，就是从"有没有"转向"好不好"。

【经典语录】

1. 进入新发展阶段，国内外环境的深刻变化既带来一系列新机遇，也带来一系列新挑战，是危机并存、危中有机、危可转机。

——习近平在经济社会领域专家座谈会上的讲话，2020年8月24日

2. 我们不追求一枝独秀，不搞你输我赢，也不会关起门来封闭运行，将逐步形成以国内大循环为主体、国内国际双循环相互促进的新发展格局，为中国经济发展开辟空间，为世界经济复苏和增长增添动力。

——习近平在第75届联合国大会一般性辩论上的讲话，2020年9月22日

专题十三

发展社会主义民主政治

【专题导学】

一、学习目标

1. 明确发展社会主义民主政治的重要性和必要性，把握坚持中国特色社会主义政治发展道路的基本要求。

2. 认清健全人民当家做主制度体系的主要目的和基本任务，坚持把人民当家做主落实到国家政治生活和社会生活之中。

3. 把握新时代巩固和发展爱国统一战线的基本要求和主要任务，发挥好爱国统一战线的法宝作用。

4. 全面准确理解习近平关于坚持"一国两制"和推进祖国统一的重要论述精神，把握新时代坚持"一国两制"和推进祖国统一的方针原则和实践要求。

二、重点和难点

（一）重点

1. 坚持中国特色社会主义政治发展道路。

2. 健全人民当家做主制度体系。

3. 巩固和发展爱国统一战线。

4. 坚持"一国两制"，推进祖国和平统一。

（二）难点

1. 发展社会主义民主政治和坚持中国特色社会主义政治发展道路的极端重要性，引导大学生坚定不移走中国特色社会主义政治发展道路，坚定"四个自信"。

2. 中国共产党领导的多党合作和政治协商制度。

3. 新时代巩固和发展爱国统一战线对实现中华民族伟大复兴的重大意义。

4. 全面贯彻"一国两制"方针的基本要求。

三、主要学习内容

（一）坚持中国特色社会主义政治发展道路

1. 中国是一个发展中大国，坚持正确的政治发展道路更是关系根本、关系全局的重大问题。中国特色社会主义政治发展道路是近代以来中国人民长期奋斗历史逻辑、理论逻辑、实践逻辑的必然结果，是坚持党的本质属性、践行党的根本宗旨的必然要求。

2. 走中国特色社会主义政治发展道路，必须坚持党的领导、人民当家做主、依法治国有机统一，必须坚持正确政治方向。促进中国特色社会主义政治发展，必须构建好党和国家机构职能体系，全面提高国家治理能力和治理水平。

（二）健全人民当家做主制度体系

1. 我国是社会主义国家，一切权力属于人民。

2. 发展社会主义民主政治就是要体现人民意志，保障人民权益，激发人民创造活力，用制度体系保证人民当家做主。

3. 人民代表大会制度是坚持党的领导、人民当家做主、依法治国有机统一的根本政治制度安排，必须长期坚持、不断完善。

4. 协商民主是中国社会主义民主政治的特有形式和独特优势，必须推进协商民主广泛、多层、制度化发展。

5. 中国共产党领导的多党合作和政治协商制度是我国的一项基本政治制度，人民政协是具有中国特色的制度安排，是社会主义协商民主的重要渠道和专门协商机构。

6. 民族区域自治制度是我国的一项基本政治制度，符合我国国情，需要在新的历史条件下进一步发挥其重要作用。

7. 基层群众自治制度是我国的一项基本政治制度，发展基层民主，是社会主义民主政治建设的基础。

（三）巩固和发展爱国统一战线

1. 新时期爱国统一战线。

2. 统一战线是党的事业取得胜利的重要法宝，在新时代必须继续巩固和发展。必须坚持长期共存、互相监督、肝胆相照、荣辱与共，必须深化民族团结进步教育，必须全面贯彻党的宗教工作基本方针，必须牢牢把握大团结大联合的主题，做好统战各项工作。

（四）坚持"一国两制"，推进祖国统一

1. 香港、澳门回归祖国以来，"一国两制"实践取得举世公认的成功，要全面准确理解和贯彻"一国两制""港人治港""澳人治澳"、高度自治的方针。

2. 推进祖国统一，必须坚决贯彻中央对台大政方针，学习贯彻好习近平对台工作重要思想。习近平在《告台湾同胞书》发表40周年纪念会上的讲话，阐述新时代对台工作的重大政策主张，为两岸关系发展指明了正确方向。

四、学习建议

学习本专题要结合党的十九届四中全会通过的《中共中央关于坚持和完善中国特

色社会主义制度、推进国家治理体系和治理能力现代化若干重大问题的决定》（简称《决定》）、《党的十九届四中全会〈决定〉学习辅导百问》（简称《学习辅导百问》）等文献、音视频资源等相关素材，推荐采用查阅文献、自主探究、案例分析、交流讨论等学习方法。

（一）通过查阅文献、小组合作、自主探究等方法学习坚持中国特色社会主义政治发展道路

1. 理解一个必然结果。通过观看中国国防大学金一南教授的《从百年沧桑到大国崛起》视频，回顾自1840年以来中国人民为争取民族独立的奋斗历程，理解中国特色社会主义政治发展道路是近代以来中国人民长期奋斗的必然结果。

2. 观看全新思想政治政论节目《这就是中国》之《好民主才是人民之福》《从英国"脱欧"看西方制度困境》《谈谈中国模式（一）》《谈谈中国模式（二）》，结合习近平总书记的重要讲话《坚持、完善和发展中国特色社会主义国家制度与法律制度》，对比理解为什么我们要坚定不移走中国特色社会主义的政治发展道路。

3. 查阅习近平关于依法治国的论述。习近平于2015年2月2日在省部级主要领导干部"学习贯彻党的十八届四中全会精神全面推进依法治国"专题研讨班上的讲话以及中国共产党为什么"能"等理论文章来理解坚持党的领导、人民当家做主和依法治国的有机统一和三者之间的关系。

（二）通过查阅文献、小组合作、实地调研等方法学习健全人民当家做主制度体系

1. 学习一位人物代表即人民代表大会制度的"活化石"申纪兰。上网查阅文献和视频资料学习了解2019年共和国勋章的获得者——申纪兰的代表历程，了解人民当家做主的最高实现形式是人民代表大会制度。

2. 通过网上阅读《求是》2019年18期、19期、22期等期刊中《人民是主人》《人民民主的强大生命力和巨大优越性》等文章，理解人民当家做主的实现形式是不断丰富的。搜集相关事实材料和西方所谓的"民主"形成鲜明的对比并在课堂上交流、讨论。

3. 查阅党的十九届四中全会《决定》和《学习辅导百问》中有关人民当家做主制度体系的论述。理解为什么要坚持和完善人民代表大会制度这一根本政治制度。小组讨论国徽的图案，思考国徽由哪些部分组成，分别代表什么，整个国徽图案意味什么，理解人民代表大会制度体系。

（三）通过查阅文献的方法学习巩固和发展爱国统一战线

1. 查阅党的十九届四中全会《决定》《学习辅导百问》，理解"为什么要巩固和发

展最广泛的爱国统一战线"。

2. 查阅2018年宪法修正案，掌握"爱国统一战线"方面的修订内容：增加了一个主体，即"致力于中华民族伟大复兴的爱国者"；增加了一个关系，即"和谐"。改动虽然不大，但意蕴非常丰富，主要是在宪法框架下为新时代统一战线工作确立新站位，拓展新内涵，赋予新使命。

（四）通过查阅文献、小组讨论等方法学习坚持"一国两制"，推进祖国统一

1. 查阅党的十九届四中全会《决定》中关于"一国两制"的论述，结合人民网、中国共产党新闻网等关于澳门回归20周年的报道，理解"一国两制"是解决历史遗留的香港、澳门问题的最佳方案，也是香港、澳门回归后保持长期繁荣稳定的最佳制度。

2. 查阅2019年香港问题和澳门回归20周年的时事热点。

3. 查阅习近平在《告台湾同胞书》发表40周年纪念会上的讲话，理解习近平所说的"祖国必将统一，也必然统一"的重要讲话。

【歌曲赏析】

歌曲1：《不忘初心》

简介：《不忘初心》是由朱海作词、舒楠作曲、韩磊与谭维维演唱的一首歌曲。让人重温红军战士用生命和热血铸就的雄壮历史，重温革命先辈用理想和信念丈量的伟大远征，而听众更应该走好自己的长征路。这首歌曲让更多的人能够在实现梦想的道路上不忘初心，无论失败或成功，都能够记得初衷，要时刻铭记祖国伟大复兴的使命。

歌曲2：《七子之歌》

简介：《七子之歌》是近代爱国主义诗人闻一多于1925年3月在美国留学期间创作的组诗作品。诗人在这一组诗作品里用拟人化的手法，把中国的澳门、香港、台湾等七个被割让、租借的地方，比做祖国母亲被夺走的七个孩子，让他们来倾诉"失养于祖国、受虐于异类"的悲哀之情，"以抒其孤苦亡告，眷怀祖国之哀忱"，从而让民众从漠然中警醒，振兴中华，收复失地。全诗整体构架均齐、各节匀称、富于建筑美，韵律回旋起伏，一唱三叹。

【案例解析】

案例1：香港再出发，关键在捍卫"一国两制"

案例导读：

经历"修例风波"和疫情冲击，香港如何走出困局备受各界关注。2020年5月5

日，"香港再出发大联盟"成立，大联盟成立传递出明确信息：香港再出发，关键在捍卫"一国两制"。

案例呈现：

"香港再出发大联盟"由全国政协副主席、前特首董建华和梁振英作为总召集人，由香港1545位社会各界人士共同发起成立，被认为是帮助香港再出发的"最强阵容"。全国人大常委会委员谭耀宗任大联盟秘书长，全国人大常委会香港基本法委员会副主任谭慧珠等11位人士担任大联盟副秘书长，他们各有分工，就香港不同社会问题进行调研，大联盟的工作目标包括推动经济发展、为年轻人创造就业机会等。

自2019年6月开始，香港先后受"修例风波"和疫情冲击，法治和经济都受到严重破坏。面对空前危机，董建华和梁振英、谭耀宗商量后，认为应该团结香港各界人士，于是决定发起成立"香港再出发大联盟"。梁振英表示，经历"修例风波"和疫情冲击，好多人都体会到香港没有"一国两制"，就没有法治和团结，更加没有经济发展和民生改善，因此希望能团结各阶层各个年龄层人士，配合政府工作。在2020年5月5日的成立仪式上，大联盟发布"共同宣言"，明确呼吁坚守"一国两制"，推动香港再出发。宣言指出，捍卫"一国两制"，香港才有存在的价值、发展的空间。推动香港再出发，需要重振经济、重归法治，让投资者有信心、守法者不灰心，宣言呼吁不同政见、不同阶层携手同心，走出困局。大联盟希望团结香港各界人士，凝聚共识，为香港寻找出路。针对"修例风波"及新冠肺炎疫情后香港面对的困境，将配合特区政府寻找解决方案，支持特区政府依法施政，聚集力量再出发。

——摘自中国经济网，2020年5月5日

思考解答：

请结合案例，谈谈"一国"与"两制"的关系。

_____

_____

_____

_____

案例2：协商民主——"小巷总理"的伟大实践

案例导读：

在中国，"小巷总理"从来不是个体，而是代表了一种制度、一种基层治理模式。这些"小巷总理"也在中国城市的最基层实践着一种民主模式——协商民主。2019年9月24日，中共中央政治局就"新中国国家制度和法律制度的形成和发展"举行第十七次集体学习。中共中央总书记习近平主持学习时强调，我们党自成立之日起就致力于建设人民当家做主的新社会，提出了关于未来国家制度的主张，并领导人民为之进行斗争。

案例呈现：

http://politics.people.com.cn/n1/2019/1025/c429373-31420197.html

思考解答：

结合案例，思考中国共产党为什么如此重视社会主义协商民主制度。

_____

_____

_____

_____

【"四史"记忆】

中国人民政治协商会议第一届全体会议胜利召开

1949年9月21日至30日，中国人民政治协商会议第一届全体会议在北平中南海怀仁堂召开。这是一次由中国共产党发起并领导的，有各民主党派、无党派民主人士和人民团体代表参加的，协商成立中华人民共和国有关事宜的会议。出席会议的代表有中共和各民主党派、无党派民主人士、各人民团体、解放军、全国总工会、青年团、全国妇联、学联以及少数民族、国外华侨、宗教界等方面代表662人。

中国人民政协筹备会主任、中国共产党中央委员会主席毛泽东向大会致开幕词，他说："占人类总数四分之一的中国人从此站立起来了，我们的民族将再也不是一个被人侮辱的民族了，我们已经站起来了。"会议通过的《中国人民政治协商会议共同纲领》指出中华人民共和国的性质是以工人阶级为领导的、工农联盟为基础的、团结各民主阶级和少数民族的人民民主专政国家，并为新中国的政权机关、军事制度、经济政策、文教政策、民族政策和外交政策制定了总原则。

人民政协的诞生标志着中国爱国统一战线和全国人民革命大团结在组织上的最后形成，标志着中国共产党领导的多党合作和政治协商制度正式确立，体现了中华民族同舟共济、兼收并蓄的传统精神，它是马克思主义与中国实践相结合的一个光辉典范，是毛泽东思想的伟大胜利。关于新中国政府的特点，毛泽东指出，"我们的政府是跟人民商量办事的，可以叫它是个商量政府"。

——摘自新华网，2008年2月20日

【阅读书目推荐】

孙德海.中国特色社会主义协商民主发展研究[M].北京：人民出版社，2018.

简介：《中国特色社会主义协商民主发展研究》以马克思主义民主观为指导，立足历史与逻辑、比较与借鉴、传承与创新、解析与建构等多重维度，通过对我国社会主义协商民主实践上的追根溯源和理论上的正本清源，旨在科学认知我国社会主义协商民主的实践特色、理论特色、民族特色、时代特色，从而自觉增强在新时代发展中国特色社会主义的道路自信、理论自信、制度自信、文化自信。

【经典视频推荐】

政论片《我们走在大路上》第11集《统一大业》

简介：香港自古以来就是中国领土，香港的繁荣离不开内地。"一国两制"的提出，最早是针对台湾，首先运用于香港、澳门。撒切尔夫人访华，邓小平阐明立场，奠定基调。香港、澳门回归后，中央政府全力支持香港、澳门发展经济、改善民生，为港澳注入了新的活力、提供了新的机遇。推进解决台湾问题，两岸达成"九二共识"。通过《反分裂国家法》，表明了维护国家统一与领土完整的坚定决心。祖国统一大业必将实现。

视频链接：

http：//tv.cctv.com/2019/09/23/VIDE219wqCXbYn4KCif8FmFb190923.
shtml?spm=C59377.PCG7A4tQNIkA.EEU2nFmrxMw1.2

【理论小贴士】

1. 社会主义协商民主：它是指在中国共产党领导下，人民内部各方面围绕改革、发展、稳定重大问题和涉及群众切身利益的实际问题，在决策之前和决策实施之中开展广泛协商，努力形成共识的重要民主形式。协商民主是中国社会主义民主政治中独特的、独有的、独到的民主形式。

2. 爱国统一战线：爱国统一战线的内容概括为十六字方针，"长期共存，互相监督，肝胆相照，荣辱与共"，它是中国共产党领导的多党合作和政治协商制度的基本方针，也是中国共产党和各民主党派以及无党派人士团结合作的指导方针。党的领导问题是统一战线中的核心问题。

【经典语录】

1. 民主不是装饰品，不是用来做摆设的，而是要用来解决人民要解决的问题的。

——中共中央宣传部编，《习近平新时代中国特色社会主义思想三十讲》，

学习出版社，2018年

2. 有事好商量，众人的事情由众人商量，是人民民主的真谛。

——中共中央宣传部编，《习近平新时代中国特色社会主义思想三十讲》，

学习出版社，2018年

专题十四

推动社会主义文化繁荣兴盛

【专题导学】

一、学习目标

1. 把握意识形态工作的重要性，牢牢掌握意识形态工作领导权的实践要求。

2. 把握社会主义核心价值观的重要性及内容，深刻认识社会主义核心价值观与社会主义核心价值体系的关系。

3. 明确培育和践行社会主义核心价值观的基本要求；增强培育和践行社会主义核心价值观的自觉性和行动力；旗帜鲜明地反对和抵制各种错误观点。

4. 把握建设文化强国的重要性及内涵、思路。坚定文化自信，走中国特色社会主义文化发展道路。

二、重点和难点

（一）重点

1. 如何掌握意识形态工作领导权。

2. 社会主义核心价值观与社会主义核心价值体系。

3. 社会主义文化强国的内涵。

4. 如何建设社会主义文化强国。

（二）难点

1. 社会主义核心价值观与社会主义核心价值体系。

2. 如何建设社会主义文化强国。

三、主要学习内容

（一）牢牢掌握意识形态工作领导权的实践要求

1. 要旗帜鲜明坚持马克思主义指导地位。

2. 加快构建中国特色哲学社会科学。

3. 坚持正确的舆论导向。

4. 建设好网络空间。

5. 落实好意识形态工作责任制。

（二）社会主义核心价值观的科学内涵与内在逻辑

1. 富强、民主、文明、和谐、自由、平等、公正、法治、爱国、敬业、诚信、友善的24字表达，是社会主义核心价值观的基本内容。

2. 社会主义核心价值观是社会主义核心价值体系的内核凝练和集中表达，体现着社会主义核心价值体系的根本性质和基本特征，反映着社会主义核心价值体系的丰富内涵和实践要求。二者方向一致但又各有侧重。

（三）培育和践行社会主义核心价值观的基本要求

1. 要把社会主义核心价值观融入社会生活各个方面。

2. 要坚持全民行动、干部带头，从家庭做起，从娃娃抓起。

3. 必须立足中华优秀传统文化和革命文化。

4. 必须发扬中国人民在长期奋斗中培育、继承、发展起来的伟大民族精神。

（四）建设文化强国的重要性

1. 文化是一个国家、一个民族的灵魂，是人民的精神家园，也是政党的精神旗帜。

2. 文化在综合国力竞争中的地位日益重要，谁占据了文化发展的制高点，谁就能够更好地在激烈的国际竞争中掌握主动权。

3. 实现中华民族伟大复兴，迫切要求我国由一个文化大国转变成为一个文化强国。

（五）建设社会主义文化强国的基本思路

1. 必须培养高度的文化自信。

2. 必须大力发展文化事业和文化产业。

3. 必须提高国家文化软实力。讲好中国故事是树立当代中国良好形象、提升国家文化软实力的重要战略任务。讲好中国故事，是提高中华文化影响力的基本途径。

四、学习建议

"推动社会主义文化繁荣兴盛"主要回答的是"建设什么样的中国特色社会主义文化，怎样推动社会主义文化繁荣兴盛"的问题。本专题的学习建议采用自主探究、案例分析、交流讨论等学习方法。

（一）建议通过自主探究、文献资料等方法学习"牢牢掌握意识形态工作领导权"

1. 推荐学习习近平总书记在纪念马克思诞辰200周年大会上的重要讲话，学习牢牢把握意识形态工作领导权的重要性。

2. 推荐学习党的十九届四中全会审议通过的《中共中央关于坚持和完善中国特色社会主义制度、推进国家治理体系和治理能力现代化若干重大问题的决定》。理解为什么我们要坚持马克思主义在意识形态领域指导地位的根本制度。

（二）建议通过社会实践调研、交流讨论等方法学习培育和践行社会主义核心价值观

1. 观看《一堂好课——百年苦难与百年辉煌》。金一南教授生动地阐述了信仰的力量和爱国情怀，结合学生自身实际和平时的实践活动谈谈青年学生应怎样爱国。

2. 观看《这就是中国》之普世价值面临的困境和"学习强国"中《学习大家谈》第七讲，了解学习社会主义核心价值观与西方的"普世价值"的区别。二是学习《学习大家谈》第六讲，为什么需要培育和践行社会主义核心价值观。

（三）建议通过查阅文献资料、访谈、交流讨论等方法学习坚定文化自信，建设社会主义文化强国

1. 学习党的十九届四中全会审议通过的《中共中央关于坚持和完善中国特色社会主义制度、推进国家治理体系和治理能力现代化若干重大问题的决定》，阅读《求是》等期刊和相关书目，了解坚持和完善繁荣发展社会主义先进文化的制度。

2. 观看《这就是中国》第39集《文化自信》和第40集《文化传播》。通过观看视频理解为何要坚定文化自信以及如何建设社会主义文化强国。

3. 通过观看李子柒、"滇西小哥""阿木爷爷"等网红人物的视频或报道，理解讲好中国故事是提高中华文化影响力的基本途径。

【歌曲赏析】

歌曲1：《说唱脸谱》

简介：《说唱脸谱》是一首京剧与流行音乐相结合的戏歌，借鉴京剧唱腔和旋律，将我国的传统戏曲元素巧妙地融入歌曲之中，使整首歌听起来朗朗上口，亦歌亦戏。这首歌由作词家阎肃作词、作曲家姚明作曲，并由青年歌手谢津演唱，流传甚广，深受人们喜爱。《说唱脸谱》属于京歌。京歌也称京味歌曲，总称戏歌。京歌本身不是京剧选段，是京剧曲调跟流行音乐相结合风格的歌曲。京歌是加上了京剧音乐元素的歌曲，是对京剧的改良与创新，对现代歌曲的充实与丰富。京歌作为歌中的阳春白雪、珍稀极品，大多情深意远，悱恻缠绵，大气磅礴。

歌曲2：《龙文》

简介：《龙文》是中央电视台《开心辞典》"开心学国学"的主题曲。《龙文》由创作过《爱江山更爱美人》等经典歌曲的台湾音乐人小虫作词、作曲。歌词古色古香，曲调朗朗上口，是一首简单易学的中国风歌曲，在音乐中传承并弘扬国学文化。

【案例解析】

案例1：文脉同国脉相连——中国何以文化自信？

案例导读：

文化兴国运兴，文化强民族强。文化是一个国家、一个民族的灵魂，文化自信是实现中华民族伟大复兴的精神力量。中华文化经过历史长河的洗练、峥嵘岁月的磨砺、伟大实践的锻造，是最有韧劲、最具内涵、最富生机的文化，是凝聚亿万人民为新中国发展不懈奋斗的精神力量。在人类文明的浩瀚星空中，中华文化是最有理由充满自信的文化。

案例呈现：

最近几年，央视几档很火的传统文化节目，吸引了人们热情观看。《中国诗词大会》采用竞猜、"飞花令"等比赛形式，让观众领略到古典诗词的韵律和意境之美；《国家宝藏》通过讲述文物的前世今生，让国宝"活起来"，让观众在一眼千年中感悟传统文化的深沉和厚重；《经典咏流传》以"和诗以歌"的形式将传统诗词经典与现代流行元素相融合，深度挖掘中华优秀传统文化蕴藏的人文情怀和价值理念……这些节目，通过电视艺术的手段，生动呈现中华文化的基因密码和独特魅力，唤起了无数人对传统文化的崇敬和自信。

2019年春天，《流浪地球》以近50亿元票房、超1亿观影人次，成就了中国科幻影片的"高光时刻"。这部电影之所以取得巨大成功，很重要的一个原因就是，它与某些国外大片不同，没有宣扬以暴易暴，突出自己高贵、别人卑劣的价值观，而是以世界大同、天下一家的博大胸怀，倡导全人类携手并进、共渡难关。这充分诠释了中华文化"讲仁爱、重民本、守诚信、崇正义、尚和合、求大同"的价值理念和精神境界，彰显了中华文化的自信和担当。

核心价值观是文化最深层次的要素。文化自信，从根本上说，取决于其核心价值观的生命力、凝聚力、引领力。在中国几千年的古代社会中，仁、义、礼、智、信、温、良、恭、俭、让等价值观念深入人心，塑造了中华民族特有的信仰追求、价值取向和精神气质。

——摘自《人民日报》，2019年08月06日07版

思考解答：

为什么说"没有高度的文化自信，没有文化的繁荣兴盛，就没有中华民族的伟大复兴"？

_____

_____

_____

_____

案例2：建设社会主义文化强国——以故宫成为"网红"为例

案例导读：

2020年是紫禁城建成600周年，也是故宫博物院成立95周年。这些年关于故宫，时不时就是故宫又出周边了，故宫又跨界了，故宫又"上新了"……正是这些频频出人意料的操作让大家意识到，原来，故宫不只是一个名字、一座建筑、一个旅游景点，它以年轻、时尚的姿态一直活跃在我们的身边，现在的故宫俨然已经成为一个能玩、会玩、好玩的超级大"网红"，而且是越来越红。回望600岁故宫的"网红"之路，我们可以清晰地看见：这既是一条从"活起来"到"火起来"的"网红"之路，也是一条自我革新、科技创新、推陈出新的文化自信之路。以故宫为代表的中华优秀传统文化，在发展中不断自我调整，与中华民族最基本的文化基因和现代社会相协调，以公众喜闻乐见的方式走近老百姓，让跨越时空、富有永恒魅力、具有当代价值的文化精神"活起来"，让既继承优秀传统文化又弘扬新时代精神、既立足本国又面向世界的当代中国文化创新成果"走出去"。

案例呈现：

http://politics.people.com.cn/n1/2019/0903/c429373-31333669.html

思考解答：

结合案例思考如何建设社会主义文化强国。

_____

_____

_____

_____

【 "四史"记忆 】

2014年文艺工作座谈会

2014年10月15日上午，中共中央总书记、国家主席、中央军委主席习近平在北京主持召开文艺工作座谈会并发表重要讲话。他强调，文艺是时代前进的号角，最能代表一个时代的风貌，最能引领一个时代的风气。实现"两个一百年"奋斗目标、实现中华民族伟大复兴的中国梦，文艺的作用不可替代，文艺工作者大有可为。广大文艺工作者要从这样的高度认识文艺的地位和作用，认识自己所担负的历史使命和责任，坚持以人民为中心的创作导向，努力创作更多无愧于时代的优秀作品，弘扬中国精神、凝聚中国力量，鼓舞全国各族人民朝气蓬勃迈向未来。总书记谈了这五个问题：（1）实现中华民族伟大复兴需要中华文化繁荣兴盛；（2）创作无愧于时代的优秀作品；（3）坚持以人民为中心的创作导向；（4）中国精神是社会主义文艺的灵魂；（5）加强和改进党对文艺工作的领导。

习总书记的重要讲话回答了事关我国文艺繁荣发展的一系列带有根本性、方向性的重大问题，并对在新的历史条件下做好文艺工作作出了全面部署。2015年10月习近平《在文艺工作座谈会上的讲话》单行本正式出版发行。这篇重要讲话对繁荣发展社会主义文艺，建设社会主义文化强国具有重要指导意义，讲话公开发表为广大党员、干部和文艺工作者深入学习贯彻提供了基本文献。

——摘自求是网，2018年10月15日

【阅读书目推荐】

余秋雨.中国文化课[M].北京：中国青年出版社，2019.

简介：本书是余秋雨先生面向普通公众讲授的中国文化通识课。中国文化一直是余秋雨先生研究、写作的主线，数十年来他独立完成了从空间、时间、人格、美学等维度梳理中国文化的工作。如果说成为几代人传统文化启蒙读本的《文化苦旅》是开端，那么《中国文化课》就是总结。在书中，余秋雨先生从多个维度探讨中国文化的内涵，通过"以心带史"的感性方式激活远去的历史，以中外对照的全球视野反思中国文化，真正做到在普及的基础上突破了常识性和常规化。在书中，他讲解50余位改变中国的文化人物，解读20余部铸就民族性格的原典著作；追索数千年文化史，确认中国文化的世界身份；放眼四大古文明，反思中国文化的利弊得失；将中国的历史、文学、美学、哲学、宗教等跨越时空的精神财富共享给读者。

【经典视频推荐】

《我们走在大路上》第20集《文化铸魂》

简介：该片以习近平新时代中国特色社会主义思想为指导，把70年来中国共产党带领全国各族人民进行社会主义革命、建设、改革取得的辉煌成就和宝贵经验作为主线，坚持"政论情怀、故事表达"风格歌唱祖国、礼赞时代，深入反映共和国筚路蓝缕一路走来的感人故事和重要事件，倾情呈现亿万人民在社会主义道路上不懈奋斗谱写的壮丽史诗，充分展现中华民族从站起来、富起来到强起来的伟大飞跃，是广大观众全方位了解新中国发展的一部优秀作品。本期节目主要内容：文化是一个国家、一个民族的灵魂。我们的文化自信，是对包括中华优秀传统文化、革命文化和社会主义先进文化在内的中华文化的自信，究其实质，是对中国特色社会主义的自信。

视频链接：

http://tv.cctv.com/2019/09/25/VIDE05hdayNT5jOtXWB6UhFg190925.shtml?spm=C59377.PCG7A4tQNIkA.EmkuldUbDRL8.2

【理论小贴士】

1. 社会主义核心价值观：它是社会主义核心价值体系的内核，体现社会主义核心价值体系的根本性质和基本特征，反映社会主义核心价值体系的丰富内涵和实践要求，是社会主义核心价值体系的高度凝练和集中表达。富强、民主、文明、和谐是国家层面的价值目标，自由、平等、公正、法治是社会层面的价值取向，爱国、敬业、诚信、友善是公民个人层面的价值准则。这24个字是社会主义核心价值观的基本内容，为培育和践行社会主义核心价值观提供了基本遵循。

2. 文化自信：它是一个民族、一个国家以及一个政党对自身文化价值的充分肯定和积极践行，并对其文化的生命力持有的坚定信心。习近平指出："我们要坚持道路自信、理论自信、制度自信，最根本的还有一个文化自信。"

【经典语录】

1. 文化是一个国家、一个民族的灵魂。文化兴国运兴，文化强民族强。没有高度的文化自信，没有文化的繁荣兴盛，就没有中华民族伟大复兴。

——中共中央宣传部编，《习近平新时代中国特色社会主义思想三十讲》，
学习出版社，2018年

2. 核心价值观是一个国家的重要稳定器。一个民族、一个国家，如果没有共同的核心价值观，就会魂无定所、行无依归。

——中共中央宣传部编，《习近平新时代中国特色社会主义思想三十讲》，
学习出版社，2018年

专题十五

坚持在发展中保障和改善民生

【专题导学】

一、学习目标

1. 正确理解中国特色社会主义社会建设中提高保障和改善民生水平、加强和创新社会治理、坚持总体国家安全观的重要性。

2. 理解中国特色社会主义社会建设中提高保障和改善民生水平、加强和创新社会治理、坚持总体国家安全观的实现路径和基本思路。

3. 培育理论与实践相结合的思维方法，增强中国特色社会主义"四个自信"。

4. 加深对新时代党坚持以人民为中心、坚持在发展中保障和改善民生、坚持总体国家安全观的基本方略的理解与认同。

二、重点和难点

（一）重点

1. 理解坚持和完善统筹城乡的民生保障制度。

2. 理解加强和创新社会治理及其实现路径。

3. 明确坚持总体国家安全观的实现路径和基本思路。

（二）难点

1. 坚决打赢脱贫攻坚战。

2. 创新社会治理体制，坚持和完善共建共治共享的社会治理制度。

3. 完善国家安全体系，国家安全体系的主要构成及其逻辑关系。

三、主要学习内容

（一）提高保障和改善民生水平

1. 民生是人民幸福之基、社会和谐之本。坚持和完善统筹城乡的民生保障制度。

2. 优先发展教育事业。

3. 提高就业质量和人民收入水平。

4. 加强社会保障体系建设。

5. 坚决打赢脱贫攻坚战。

6.实施健康中国战略。

（二）加强和创新社会治理

1.社会治理是社会建设的重大任务。坚持和完善共建共治共享的社会治理制度。

2.创新社会治理体制体现了马克思主义的群众观点，体现了我们党对社会主义建设规律认识的不断深化，体现了党领导下多方参与、共同治理的理念和主张。

3.要加强和创新社会治理，必须创新社会治理体制，改进社会治理方式，加强预防和化解社会矛盾机制建设，加强社会心理服务体系建设，加强社区治理体系建设。坚持完善党委领导、政府负责、社会协同、公众参与、法治保障的社会治理体制，提高社会治理社会化、法治化、智能化、专业化水平，推进社会治理精细化，打造共建共治共享的社会治理格局。

（三）坚持总体国家安全观

1.完善国家安全体系，就要统筹外部安全和内部安全、国土安全和国民安全、传统安全和非传统安全、发展问题和安全问题、自身安全和共同安全。

2.全面贯彻落实总体国家安全观，必须完善国家安全体系，健全公共安全体系，推进平安中国建设，加强国家安全能力建设，加强国家安全教育。

四、学习建议

（一）建议通过自主探究法和社会调研等方法学习提高和改善民生水平

1.学习党的十九届四中全会审议通过的《中共中央关于坚持和完善中国特色社会主义制度、推进国家治理体系和治理能力现代化若干重大问题的决定》，理解坚持和完善统筹城乡的民生保障制度的重要性。

2.查阅人民网"70年70问"大型全媒体系列报道中关于"中国为何能建成全球最大的社保网络？"等问题，通过对比中美两国在抗击疫情中医保体系的保障作用，进一步了解我国社会保障取得的重大成就。

3.结合自身生活，如求学、就业、医疗保险、奖助学金，进一步全面了解社会保障体系，思考在现有社会保障体系的基础上还有哪些需要改进的地方。

（二）建议通过案例分析、社会调研等方法学习加强和创新社会治理

1.学习《中共中央关于坚持和完善中国特色社会主义制度、推进国家治理体系和治理能力现代化若干重大问题的决定》中关于社会治理制度的论述，理解为什么坚持和完善共建共治共享的社会治理制度。

2.观看央视网特别节目《坚持发展"枫桥经验"》，分析社会治理共同体"朝阳群众"和"西城大妈"的材料并重点结合下文案例1的内容和在自身疫情防控中的体验积极思考、讨论如何加强和创新社会治理。

（三）建议通过交流讨论、查阅文献资料等方法学习坚持总体国家安全观

1. 上网查阅相关材料，明确每年的4月15日是国家安全教育日，理解国家安全与每个人息息相关。结合抗击新冠肺炎疫情和防汛救灾中我们党始终把人民群众生命安全和身体健康放在第一位的举措，理解人民安全是国家安全的基石。

2. 结合全民国家安全教育日的活动，小组分工合作，展开讨论，搜集材料，课上进行一段模拟教学——你离国家安全远吗？

【歌曲赏析】

歌曲1：《民生》

简介：《民生》由刘媛媛、成龙、豆豆演唱，浓缩了中国共产党90周年执政为民的心路历程，是为建党90周年献礼而创作的主旋律歌曲。词曲作者分别为王平久和金培达。"全心全意为人民服务"是我党自成立起奉行的不变的宗旨。民生之事，枝叶关情。这是一首党献给人民的歌曲，是党对人民关怀、对民意看重、对民生问题重视的真情表述。

歌曲2：《江山》

简介：《江山》由晓光作词、印青作曲，是电视剧《江山》的主题歌。2002年，中国共产党第十六次全国代表大会以后，以胡锦涛为总书记的党中央确立以人为本的执政理念，《江山》的歌词就是在这样的执政理念下创作完成的。当时为《江山》谱曲的作曲家不在少数，印青看到歌词中"老百姓是天，老百姓是地"的词句，非常感动，认为歌词表达了共产党"以人为本、执政为民"的理念，这不仅是在歌颂党的形象，更是在教育每一位党员干部，必须关心群众、爱护群众，时刻把人民群众的利益放在首位。音乐形象在脑子里形成后，印青便采用了高昂又深情的音调，高潮部分的旋律"老百姓是天，老百姓是地"，这是发自印青内心的呼唤和情感。主旋律永远是嘹亮的，颂歌永远是时代的大主题，我们需要《江山》这样讴歌"务实亲民"新形象的好歌——因为，它掀开了当代颂歌崭新的一页。

【案例解析】

案例1：做好疫情防控需要创新社会治理

案例导读：

2020年初，新冠肺炎疫情席卷中国。面对这场大考，全国上下积极应对，展现出了我国在治理体系及治理制度上的优势，但在社会治理方面也存在一些不足和亟待解决的问题。如何更好地解决疫情防控中出现的治理问题，完善现有的社会治理体系和

机制，进一步提升社会治理效能，值得我们深入思考。打赢疫情防控的人民战争、总体战、阻击战，需要不断加强和创新社会治理。

案例呈现：

2020年10月11日早上6时许，青岛发布了新增三例新冠肺炎无症状感染者的消息。一时间，全国人民关切的目光投了过来，岛城市民也有些许不安。当天上午9点，省委、省政府召开专题会议，部署疫情处置工作。也是在这一天，国家卫健委派出了由众多具有丰富抗疫经验的领导、专家组成的工作组来到青岛，很多专家来青后直接穿上隔离服就进了病房，给予青岛非常到位、具体的指导。很快，政府决策从幕后走到了台前，向全社会广而告之。

岛城许多市民的家门都在深夜被敲响，与敲门声一同响起的还有各个社区、街道、物业的微信群通知、电话，工作人员不辞辛劳，为的是保证每一位市民都知晓全员核酸检测的消息。推开门，电梯旁、楼道前、小区的告示栏上，张贴的也是通知核酸检测的告示。对行动不便的老人和残疾人，青岛市各个街道社区开展暖心服务，上门进行核酸检测采样。山东省还统筹安排淄博、烟台、潍坊、威海、日照等多个地市派出支援力量，协助青岛开展核酸检测。截至10月16日18时，青岛共完成了10 899 145个核酸检测，结果全部是阴性，除已公布的确诊病例外，未发现新的阳性样本。青岛市全员核酸检测已基本完成。当疫情不期而至，城市的快速反应，全民的积极响应，无不显示出青岛强大的组织能力和动员能力，被海内外称赞为这一战打得"很中国"！

村社在执行疫情防控任务中，通过微信群向居民招募志愿者，如某社区出入口值岗推出"认领模式"，社区将门岗信息与值守时间段贴在社区微信群，随即被居民认领一空。又如开展防疫信息互通、居家隔离人员联络、防疫知识宣教等，数字化平台成为防疫期间最为便捷的联通工具。而在居民生活中，借助于基础网络，刷健康码出入小区，云端购买生活物资，远程开展医疗问诊，线上办公开会，居家上网课，独居老人生活状况监测等智能化措施得到进一步的推广应用。小区居民组织邻居建起了云端购物平台，办起特色农产品代购代销服务，将因疫情滞销的农作物通过网络平台销往居民的餐桌，不仅解决了种植户的燃眉之急，也为居民提供了更加多样化的物资选择。

——摘自青岛日报，2020年10月17日

思考解答：

结合案例，思考如何加强和创新社会治理。

_____

_____

_____

案例2:"六稳""六保"之首——就业

案例导读:

"六稳"是稳定经济基本盘,是经济战略;"六保"是保障基本民生,是底线任务。扎实做好"六稳"工作、全面落实"六保"任务,关系经济发展和社会稳定大局。民生稳,人心就稳,社会就稳。就业是最大的民生,"六稳"工作、"六保"任务,就业都摆在首位。保居民就业,就要实施好就业优先政策,全面强化稳就业举措,减负稳岗扩就业并举,千方百计增强企业稳定和创造就业岗位能力。

案例呈现:

http://tv.cctv.com/2020/05/30/VIDECEdedXuO6Ydi9rXI28Wi200530.shtml

思考解答:

结合案例,谈谈如何提高就业质量和人民收入水平,以稳稳地握住最大民生。

_____

_____

_____

【"四史"记忆】

"枫桥经验"

"枫桥经验",起源于20世纪60年代改造"四类分子"(地、富、反、坏分子)的农村社会主义教育运动。1963年2月,中央决定在全国农村普遍开展社会主义教育运动,以打击反动势力的猖狂进攻。浙江省委选择了诸暨、萧山等县,派工作组进驻诸暨枫桥区的枫桥、新枫等七个公社开展社教试点。浙江省诸暨市枫桥镇干部群众创造了"发动和依靠群众,坚持矛盾不上交,就地解决。实现捕人少,治安好"的"枫桥经验",为此,1963年毛泽东同志就曾亲笔批示"要各地仿效,经过试点,推广去做"。"枫桥经验"由此成为全国政法战线一个脍炙人口的典型。20世纪60年代初70年代末,"枫桥经验"主要是改造"四类分子"的经验;20世纪80年代初至90年代初,"枫桥经验"主要是社会治安综合治理的经验。之后,"枫桥经验"得到不断发展,形成了具有鲜明时代特色的"党政动手，依靠群众，预防纠纷，化解矛盾，维护稳定，促进发展"的"枫桥新经验"，成为新时期专门工作与群众路线相结合的典范。

新时代"枫桥经验"的主要内容是在开展社会治理中实行"五个坚持"，即坚持党建引领，坚持人民主体，坚持"三治融合"，坚持"四防并举"，坚持共建共享。

人民主体是新时代"枫桥经验"的核心价值，实现人民的利益是新时代"枫桥经验"的价值导向。党建引领是新时代"枫桥经验"的政治灵魂，反映了新时代"枫桥经验"的本质特征。路径创新是新时代"枫桥经验"的实践特质。坚持自治、法治、德治"三治融合"是新时代"枫桥经验"的主要路径。人防、物防、技防、心防"四防并举"是新时代"枫桥经验"的重要手段。共建共享是新时代"枫桥经验"的工作格局。

2019年"枫桥经验"首次写入国务院政府工作报告。

——摘自中国共产党新闻网，2013年10月12日

【阅读书目推荐】

杨宜勇.新中国民生发展70年[M].北京：人民出版社，2019.

简介：老百姓关心什么、期盼什么，我们就要抓住什么、推进什么，从老百姓反映强烈的利益问题做起，一件事情接着一件事情办，一年接着一年干。《新中国民生发展70年》总结梳理了新中国民生发展70年的历史，通过深刻反思、总结经验、避免失误，以期让人民群众在未来的社会主义现代化新征程中获得更多的实惠。

【经典视频推荐】

纪录片《2020我们的脱贫故事》

简介：《2020我们的脱贫故事》着眼全中国范围，运用纪实手法，注重观察式记录，发掘生动真实的故事，展现扶贫攻坚全貌。该片关注革命老区、民族、边疆以及特殊生态地区等典型地域，聚焦脱贫攻坚的执行者、参与者和受益者，围绕生态移民、易地搬迁、劳务输出、科技扶贫、第一书记等方式和话题，全面展现脱贫攻坚的生动历史画卷。

视频链接：

https://tv.cctv.com/2020/08/20/VIDAirWYsvaHZJNweHuNBB0p200820.shtml

【理论小贴士】

1. 总体国家安全观：党的十八大以来，为了推进国家治理体系和治理能力现代化，实现国家长治久安，更好适应我国国家安全面临的新形势、新任务，我们党明确提出了总体国家安全观。总体国家安全观是指坚持国家利益至上，以人民安全为宗旨，以政治安全为根本，以经济安全为基础，以军事、文化、社会安全为保障，以促进国际安全为依托，维护各领域国家安全，构建国家安全体系，走中国特色国家安全道路。

2. 三大攻坚战：是指防范化解重大风险、精准脱贫、污染防治，是在党的十九大报告中首次提出的新表述。2017年10月18日，习近平总书记在党的十九大报告中提出：要坚决打好防范化解重大风险、精准脱贫、污染防治的攻坚战，使全面建成小康社会得到人民认可、经得起历史检验。打好打赢这三大攻坚战并通过建成高质量的小康社会，为实现第二个百年奋斗目标、开启全面建设社会主义现代化国家新征程奠定更为牢固的基础。所以，打好打赢三大攻坚战，对于接续实现"两个一百年"奋斗目标都具有重大而深远的意义。

【经典语录】

1. 民生稳，人心就稳，社会就稳。
　　　　——习近平2020年3月10日在湖北省考察新冠肺炎疫情防控工作时的讲话
2. 脱贫摘帽不是终点，而是新生活、新奋斗的起点。
　　　　——习近平2020年3月6日在决战决胜脱贫攻坚座谈会上的讲话

专题十六

建设美丽中国

【专题导学】

一、学习目标

1. 深刻理解生态文明建设对于建设美丽中国的重要性及生态文明建设过程中应秉持的理念。

2. 理解和把握生态文明建设过程中应遵循的基本国策和新时代中国特色社会主义生态文明体制改革的有力措施。

3. 培养敬畏自然、尊重自然、顺应自然、保护自然的自觉性和建设美丽中国的使命感。

二、重点和难点

（一）重点

1. 中华文明历来强调天人合一、尊重自然，近代工业化发展对我国自然生态系统的影响及新时代生态文明理念。

2. 生态文明建设与建设美丽中国的关系。

3. 加快生态文明体制改革，要把生态文明建设融入经济建设、政治建设、文化建设、社会建设各方面和全过程。

（二）难点

理解生态文明建设是一场涉及生产方式、生活方式、思维方式和价值观念的革命性变革。

三、主要学习内容

（一）人与自然是生命共同体，人类必须敬畏自然、尊重自然、顺应自然、保护自然

生态兴则文明兴，生态衰则文明衰。生态文明建设功在当代、利在千秋。中华文明历来强调天人合一、尊重自然。新时代推进生态文明建设，必须坚持好人与自然和谐共生、绿水青山就是金山银山、良好生态环境是最普惠的民生福祉、山水林田湖草是生命共同体、用最严格制度最严密法治保护生态环境、共谋全球生态文明建设六大

原则，共建美丽中国，实现人与自然的和谐发展。

（二）如何构建生态文明体系

构建生态文明体系是一场包括发展方式、治理体系、思维观念等在内的深刻变革。要加快构建生态文明体系，建立健全以生态价值观念为准则的生态文化体系，以产业生态化和生态产业化为主体的生态经济体系，以改善生态环境质量为核心的目标责任体系，以治理体系和治理能力现代化为保障的生态文明制度体系，以生态系统良性循环和环境风险有效防控为重点的生态安全体系。这是习近平生态文明思想的具体部署，也是从根本上解决生态环境问题的对策体系。

（三）建设美丽中国

1. 建设美丽中国就是要形成人与自然和谐发展的新格局，把节约资源放在首位，坚持保护优先、自然恢复为主，着力推进绿色发展、循环发展、低碳发展，形成节约资源和保护环境的空间格局、产业结构、生产方式、生活方式，为子孙后代留下天更蓝、山更绿、水更清的优美环境。

2. 要加快生态文明体制改革，全面推动绿色发展，着力解决突出的环境问题，有效防范生态环境风险，提高环境治理水平，打好污染防治攻坚战。

3. 确保到2035年，生态环境质量实现根本好转，美丽中国目标基本实现。到本世纪中叶，物质文明、政治文明、精神文明、社会文明、生态文明全面提升，绿色发展方式和生活方式全面形成，人与自然和谐共生，生态环境领域国家治理体系和治理能力现代化全面实现，建成美丽中国。

四、学习建议

学习本专题，推荐采用查阅文献、问题导向的学习方法。

1. 学习习近平总书记2018年在纪念马克思诞辰200周年大会上的讲话（《人民日报》2018年5月5日02版）。在谈到人与自然和谐共生时，明确提出人类必须敬畏自然、尊重自然、顺应自然、保护自然。

2. 学习习近平总书记2018年5月在全国生态环境保护大会上的重要讲话。学习新时代推进生态文明建设的六大原则、加快构建生态文明体系的六大内容、全面推动绿色发展、把解决突出生态环境问题作为民生优先领域、有效防范生态环境风险、提高环境治理水平的生态文明体制改革举措。

【歌曲赏析】

歌曲1：《看山看水看中国》

简介：《看山看水看中国》由王晓岭作词，胡廷江作曲，是为2017年中央电视台春节联欢晚会创作的歌曲。这首歌把人民的美好生活需要和优美生态环境需要巧妙融合起来，由吕继宏、张也共同演唱，采取了民歌对唱的形式，概括、提炼了哥哥、妹妹两个角色。胡廷江在作曲上采取了三段体的结构，第一段的旋律就是全曲的主题，开篇叙述哥哥领着妹妹去看花灯，一小段欢快的锣鼓经后，进入中段。在音乐上，中段只有一个乐句，不断地重复（根据歌词音调略微更改个别音），中段末尾的长音，以京剧锣鼓经的推动进入辉煌的第三段。第三段是全曲的高潮，再现第一段主题音调，歌词变为"看山看水看中国"这个主题，热烈而豪迈。歌舞中插入各地发展中的盛况，体现了在高速发展的中国，人民对幸福生活期盼，对国家兴旺、富强、发展的自豪。

歌曲2：《山笑水笑人欢笑》

简介：《山笑水笑人欢笑》是由王晓岭作词，胡廷江作曲，吕继宏、张也演唱的一首歌曲。2018年央视春晚，剧组邀请胡廷江创作一首《看山看水看中国》的姊妹篇，歌名对仗为《山笑水笑人欢笑》。这首歌同样是由王晓岭作词，在歌词中，与时俱进地突出"绿水青山就是金山银山"的发展理念。在音乐创作上，胡廷江延续《看山看水看中国》的民族民间音乐元素，同时让这首歌呈现出更加热烈的节庆音乐氛围。

【案例解析】

案例1：守护绿水青山——当好秦岭生态卫士

案例导读：

秦岭和合南北，泽被天下，是我国的中央水塔，是中华民族的祖脉和中华文化的重要象征。2020年4月，习近平总书记赴陕西考察时指出："把秦岭生态环境保护和修复工作摆上重要位置，履行好职责，当好秦岭生态卫士，决不能重蹈覆辙，决不能在历史上留骂名。"

案例呈现：

在中国辽阔的版图上，有一条非比寻常的山脉，气势巍峨地横亘在中华大地上。它的存在，不仅改变了中国大陆的自然格局，还带来了强烈的"南北差异"：小到喜欢吃甜粽还是咸粽，大到南方的柔和与北方的豪放，都和它有着千丝万缕的联系。它是无数人心中的梦之所在，也是悠悠华夏历史的脉络所系。这，就是秦岭！

8 340.31亿元——这是中国科学院生态环境研究中心提供的数据，代表陕西秦岭2015年的生态系统生产总值（GEP）。数据背后，正是秦岭这片绿水青山里所蕴藏的金山银山。

保护好秦岭生态环境，对确保中华民族长盛不衰、实现"两个一百年"奋斗目标、实现可持续发展具有十分重大而深远的意义。党的十八大以来，习近平总书记多次就查处秦岭北麓西安境内违建别墅问题、加强秦岭生态保护作出重要指示批示，要求坚决整改。2020年4月，习近平总书记赴陕考察时指出，要深刻吸取秦岭违建别墅问题的教训，痛定思痛，警钟长鸣，以对党、对历史、对人民高度负责的精神，以功成不必在我的胸怀，把秦岭生态环境保护和修复工作摆上重要位置，履行好职责，当好秦岭生态卫士，决不能重蹈覆辙，决不能在历史上留下骂名。习近平总书记的重要指示，为我们加强生态环境保护、推进生态文明建设提供了根本遵循。我们要深刻领会习近平总书记来陕考察关于秦岭保护重要讲话的核心要义和丰富内涵，以高度的政治自觉守护好秦岭生态环境，始终同以习近平同志为核心的党中央保持高度一致。秦岭生态环境保护只有进行时，没有完成时，要持之以恒、久久为功。

——摘自《光明日报》，2020年4月27日

思考解答：

请结合案例，谈谈人与自然和谐发展新格局的形成条件有哪些。

_____

_____

_____

_____

案例2：蓝天下的污染——臭氧来袭

案例导读：

2019年5月23日，上海市出现了全年唯一的一天重度污染天气，污染物不是人们耳熟能详的雾霾或者叫PM2.5，而是一种令人心怀好感的物质——臭氧。那一天，上海市的臭氧浓度达到了266微克/立方米，而国家达标浓度为160微克/立方米。

在距离地球表面20～50千米高度的平流层，包围着平均厚约3厘米的薄薄一层臭氧，它能吸收太阳光中的大部分紫外线，使地球上的生物免受伤害。但在近地面，臭氧却是一种污染物，尽管它的伤害不足与PM2.5相提并论，但每年在全世界造成100多万人死亡，以及巨大的农作物损失。当中国的PM2.5治理在多年努力后开始取得明显改善时，臭氧正在成为新的环保难题。2020年大气污染治理的最大变化，就是要应对臭氧浓度上升问题。

案例呈现：

https://tv.cctv.com/2020/09/19/VIDEjGBl3d1JnlnDIfJqcnJp200919.shtml

思考解答：

结合案例，简述你对坚持人与自然和谐共生内涵的认识和理解。

_____

_____

【 "四史"记忆 】

"绿水青山就是金山银山"科学论断的提出

2005年8月15日，时任浙江省委书记的习近平同志在浙江湖州安吉考察时，首次提出了"绿水青山就是金山银山"的科学论断，后来，他又进一步阐述了绿水青山与金山银山之间三个发展阶段的问题。习近平总书记指出，我们对"绿水青山"与"金山银山"之间关系的认识经历了三个阶段：第一个阶段是用"绿水青山"换"金山银山"、一味地向自然索取；第二个阶段是既要"金山银山"，也要"绿水青山"，环境问题开始引起人民的反思；第三个阶段是"绿水青山"就是"金山银山"，着手谋求人与自然的和谐共生。上述三个阶段反映的是经济发展方式、发展理念的转变，是经济发展与环境保护之间关系不断完善的历史过程。

2017年10月18日，习近平在十九大报告中指出，"坚持人与自然和谐共生。必须树立和践行绿水青山就是金山银山的理念，坚持节约资源和保护环境的基本国策，像对待生命一样对待生态环境，统筹山水林田湖草系统治理，实行最严格的生态环境保护制度，形成绿色发展方式和生活方式，坚定走生产发展、生活富裕、生态良好的文明发展道路，建设美丽中国，为人民创造良好生产生活环境，为全球生态安全做出贡献"。

习近平同志的"两山"重要思想，充分体现了马克思主义的辩证观点，系统剖析了经济与生态在演进过程中的相互关系，深刻揭示了经济社会发展的基本规律。"绿水青山就是金山银山"，这是发展理念和方式的深刻转变，引领中国朝着绿色经济转型，也引领着中国发展迈向新境界。

——中共中央文献研究室编，《习近平关于社会主义生态文明建设论述摘编》，

中央文献出版社，2017年

【阅读书目推荐】

潘家华，高世楫，李庆瑞，等. 美丽中国：新中国70年70人论生态文明建设[M]. 北京：中国环境出版社，2019.

简介：该著作拟通过回顾、整理和挖掘我国生态环境保护和生态文明建设的重大文献，以构建生态文明体系的若干重要历史事件为纽带，围绕生态文化体系、生态经济体系、生态环境质量体系、生态文明制度体系、生态安全体系等六大主题，力求全面系统、广泛深入地梳理、总结出理论成果、实践经验和探索启示，并提出问题挑战和未来展望。

【经典视频推荐】

纪录片《绿水青山》

简介:《绿水青山》以纪录片的形式,捕捉和记录地方政府、企业、民众在环境友好、经济绿色的创造、改造、制造工作中的过程和细节,讲述生态文明体系建设中的"中国故事"。栏目以15分钟为一集体现,以专题策划和系列的方式展现生态文明建设工作中的人物群像,展现从城市自然风光、文化旅游资源、特色美食、非物质文化遗产、民俗绝技、城市故事到居民幸福感、国际影响力等各个方面独特的城市文化与"全域旅游"的模式,从而表现生活、生产、生态的良性互动,从侧面为中国生态文明体系建设进程做注脚。

视频链接:

https://www.iqiyi.com/v_19rtyidqi0.html

【理论小贴士】

1. 低碳发展:它是一种以低耗能、低污染、低排放为特征的可持续发展模式,对经济和社会的可持续发展具有重要意义。可持续发展是科学发展的内在要求,发展低碳经济有利于"资源节约型,环境友好型"的两型社会建设,达到人与自然和谐相处。

2. "生命共同体":这是习近平生态文明思想的重要内容,由"自然的生命共同体"和"人与自然的生命共同体"共同构成。习近平总书记关于"生命共同体"重要论述的基本内涵,主要体现为"共建共享"的生态全球观、"生态生产力"的生态发展观、"德法兼治"的生态治理观和"以人民为中心"的生态民生观。在全球生态危机日趋严峻的今天,"生命共同体"以其独特的理论意蕴和严密的实践逻辑,丰富了马克思主义的"共同体"理论,推动了新时代中国特色社会主义生态文明社会建设,拓展了"人类命运共同体"的构建路径。

【经典语录】

1. 生态文明建设是关系中华民族永续发展的根本大计。中华民族向来尊重自然、热爱自然,绵延5 000多年的中华文明孕育着丰富的生态文化。生态兴则文明兴,生态衰则文明衰。

——习近平在全国生态环境保护大会上的讲话,2018年5月18日

2. 一代人有一代人的使命。建设生态文明,功在当代,利在千秋。让我们从自己、从现在做起,把接力棒一棒一棒传下去。

——习近平在中国北京世界园艺博览会开幕式上的讲话,2019年4月28日

专题十七

全面建成小康社会

【专题导学】

一、学习目标

1. 了解从全面建成小康社会到全面建设社会主义现代化国家的内在逻辑，掌握决胜全面建成小康社会取得的十个方面的决定性成就。

2. 了解全面建成小康社会的内涵、全面建成小康社会的目标要求。

3. 理解全面建成小康社会对中国社会主义现代化建设和中华民族伟大复兴的意义。

4. 认识决胜全面建成小康社会的关键性、打好各种攻坚战的重要性。

5. 增强对全面建成小康社会的认同感、信心和为中华民族伟大复兴奋斗的自觉性。

二、重点和难点

（一）重点

1. 全面建成小康社会取得的十个方面的决定性成就。

2. 理解全面建成小康社会战略中"全面"的内涵。

3. 理解决胜全面建成小康社会的战略安排。

（二）难点

理解全面建成小康社会战略中"全面"的内涵。

三、主要学习内容

（一）全面建成小康社会的内涵

全面，讲的是发展的平衡性、协调性和可持续性。一是覆盖领域要全面，是"五位一体"的全面进步；二是覆盖的人口要全面，是惠及全体人民的小康；三是覆盖区域要全面，是城乡区域共同发展的小康。小康，讲的是发展水平。具体体现在经济增长、创新驱动成效、发展协调性、人民生活和质量、国民素质和社会文明程度、生态环境质量、制度建设等方面。建成，讲的是达到或者说是实现全面小康。需要注意的是：全面建成小康社会，要实事求是、因地制宜。实现或者达到全面小康不是全国所有地区所有人同时同步实现同等水平的小康。

（二）全面建成小康社会的目标要求

党的十八届五中全会对全面建成小康社会进行了总体部署：一是经济保持中高速增长，二是创新驱动成效显著，三是发展协调性明显增强，四是人民生活水平和质量普遍提高，五是国民素质和社会文明程度显著提高，六是生态环境质量总体改善，七是各方面制度更加成熟、更加定型。

（三）决胜全面建成小康社会的"攻坚战"

党的十九大进一步明确了决胜全面建成小康社会的战略安排：一是坚决打好防范化解重大风险攻坚战，二是坚决打好精准脱贫攻坚战，三是坚决打好污染防治攻坚战，四是确保经济社会持续健康发展。

四、学习建议

对本专题内容建议通过问题调查法、案例分析法、自主探究法、文献查阅法进行学习。

（一）问题调查

人民网发布的"70年70问"中有关于全面建成小康社会的问题与解析，问题如：中国为何能做到减贫贡献全球第一？"争相跳农门"为何变成"我要回农村"？通过对此类问题的调查和探究，可以结合教材中的"全面建成小康社会的目标要求""决胜全面建成小康社会"相关理论内容，了解农村土地确权改革、美丽乡村建设、脱贫攻坚等一系列重大举措。

（二）案例分析

"学习强国"中有大量全国各地关于"决胜全面建成小康社会"的举措与政策的介绍以及全国各地在"精准脱贫攻坚战"中的案例与成果。同学们可以在"学习强国"中搜索自己家乡相关的案例，进行分析和探究，通过对相关案例的学习，结合教材中"三大攻坚战和一个确保"相关内容，深刻理解我国在全面建成小康社会过程中所遇到的问题、采取的政策与举措以及取得的各项积极成果。

（三）文献查阅

查阅十九届五中全会公报及专家的权威解读文献，了解从全面建成小康社会到全面建设社会主义现代化国家的内在逻辑。

【歌曲赏析】

歌曲1：《锦绣小康》

简介：《锦绣小康》是乌兰图雅演唱的歌曲，由慧宇作词，李凯稠作曲，于2019年12月17日发行。2020年1月24日乌兰图雅携《锦绣小康》荣登2020央视春晚。在这首歌中，乌兰图雅以极具感染力的嗓音铿锵有力地唱出了全国老百姓生活在新时代日子蒸蒸日上的幸福喜悦心情和奋发向上的精神，唱出了所有中华儿女对2020全面建成小康社会的信心和希望，唱出了泱泱大中华走向伟大复兴的豪迈和气魄，格外激励人心，让人过耳不忘。

歌曲2：《老百姓说好才是真的好》

简介：歌曲《老百姓说好才是真的好》由梁绍武作词，金彪作曲，梢丽组合演唱。歌曲站在老百姓的角度，以老百姓的眼光和视角，用质朴的语言、真挚的情感，表现出新时代广大农民脱贫致富奔小康后对当下幸福生活的喜悦和发自内心的赞扬。作曲家以广西龙州壮族民歌为素材，融入现代音乐元素架构旋律，词曲高度契合，兼具鲜明的民族特色和时代特色，易唱，好听，优美，真实反映当代新农村人民的真实情感，简洁接地气，具有丰富的生活内涵和时代内涵。

【案例解析】

案例1：走向我们的小康生活——山东青岛平度市盆景葡萄种出甜蜜生活

案例导读：

"一个占地2亩的盆景葡萄大棚年纯收入30万元，2020年又是个丰收年。"山东青岛平度市仁兆镇沙北头村种植户王雪峰高兴地说。进入9月中旬，青岛沙北头蔬菜专业合作社一派繁忙景象，秋季的盆景葡萄开始上市，正在根据订单陆续发往全国各地。青岛沙北头蔬菜专业合作社由沙北头村党支部发起成立，通过成立青岛沙北头蔬菜专业合作社党委、建立庄户学院和沙北头农民创业园、发展电子商务，走出一条"合作社＋基地＋庄户学院＋农户"的富民发展路子，带动了农业产业创新发展，有力地助推了乡村振兴。

案例呈现：

为了适应高端市场需求，2014年，青岛沙北头蔬菜专业合作社成立了沙北头农民创业园，建起了占地150亩的设施大棚，引进盆景葡萄种植技术，经过反复摸索试验，2016年终于试种成功。2016年，首批近3 000盆盆景葡萄被北京市、上海市、广州市等一线城市客户收购一空，纯收入20多万元。2018年，在上海合作组织青岛峰会上，盆景葡萄成为指定产品，受国内外贵宾青睐。青岛沙北头蔬菜专业合作社趁热打铁，又新建了15个葡萄盆景大棚，并且尝试栽培火龙果、荔枝等新品种。

"通过控制种植大棚的温度和湿度，沙北头农民创业园基本上实现了盆景葡萄的工厂化生产。"青岛沙北头蔬菜专业合作社理事长王桂欣说。青岛沙北头蔬菜专业合作社于2019年注册成立青岛沙北头农业科技有限公司，专门从事盆景葡萄、鲜食葡萄的研发、市场开拓、销售，目前与北大荒农垦集团有限公司以及北京市、河北省等地开展合作经营，作为生产基地销售产品。目前，通过严格控制温度、湿度、光照等条件，青岛沙北头蔬菜专业合作社可以根据不同时节生产出既有观赏价值又有食用价值的盆景葡萄，实现了传统农业向观赏农业、创意农业转型。

"现在我们的盆景葡萄从5月份陆续上市，持续到春节前，现在已经有2万盆被客商预定了，这些盆景葡萄已经成为不少人的'阳台新宠'。"王桂欣给记者算了一笔账，传统的大田葡萄亩产量在2500公斤左右，按每公斤10元的高价算，一年只产一季，收益在25000元左右。相比而言，盆景葡萄每亩900株，每株葡萄一年结两次果实、每次两盆，每盆价格100元左右，每亩收益可超过28万元，是平度市传统葡萄种植收益的10倍以上。

盆景葡萄既可以品尝，又可以观赏，在家里、宾馆、会议室、超市摆上一盆，绝对显得高雅、时尚，葡萄寓意多子多福，是走亲访友的绝佳礼品。盆景葡萄一般挂果时间可以持续2～3个月，这一创新技术发明，不但提高了土地附加值，而且引领了消费新时尚，大大增加了农民的经济收入，蹚出一条产业振兴的新路子。

——摘自学习强国青岛学习平台，2020年9月27日

思考解答：

结合案例，谈谈什么是小康。如何理解全面建成小康社会的目标要求？

_____

_____

_____

_____

案例2：天蓝蓝　水清清

案例导读：

长期以来，一个个"扶贫功臣"、一批批扶贫攻坚先锋、一支支优秀驻村工作队默默无闻地工作在长阳的扶贫第一线，为长阳的脱贫攻坚工作挥洒着汗水。

《天蓝蓝　水清清》微电影以长阳某镇精准扶贫驻村工作队及第一书记扎根深山、不畏困难带领贫困群众艰苦创业、脱贫致富的感人事迹为原型，内容包括产业扶贫、交通扶贫、智力扶贫等方面，真实地反映长阳精准扶贫工作及取得的成效。

案例呈现：

https://v.qq.com/x/page/h0749ezgexb.html

思考解答：

结合视频内容，简述你对全面建成小康社会的内涵及"精准脱贫攻坚战"的认识与理解。

_____

_____

_____

_____

【"四史"记忆】

精准扶贫

2013年11月3日，习近平总书记到湖南省湘西土家族苗族自治州花垣县排碧乡十八洞村考察座谈，首次提出"精准扶贫"的概念，强调"实事求是、因地制宜、分类指导、精准扶贫"的十六字要求。随后，他对精准扶贫的概念作了进一步阐释：精准扶贫，就是要对扶贫对象实行精细化管理，对扶贫资源实行精确化配置，对扶贫对象实行精准化扶持，确保扶贫资源真正用在扶贫对象身上、真正用在贫困地区。"精准扶贫"方略的提出，是党在新的历史条件下为解决深度贫困地区的贫困问题而作出的一项重大理论创新，体现了我国扶贫方式和扶贫理念的重大转变。

为推动精准扶贫方略落地，2014年1月，中办、国办印发《关于创新机制扎实推进农村扶贫开发工作的意见》，提出以建立精准扶贫工作机制为核心的六项创新机制和十项重点工作。各部门制定有关配套文件，推动落实精准扶贫各项工作。从2015年到2020年，习近平就打赢脱贫攻坚战召开了七个专题会议，次次提及"精准"。总体来看，脱贫进度符合预期，成就举世瞩目：脱贫攻坚目标任务接近完成，贫困人口从2012年年底的9 899万人减到2019年年底的551万人，贫困发生率由10.2%降至0.6%；贫困群众收入水平大幅度提高，2013年至2019年，832个贫困县农民人均可支配收入由6 079元增加到11 567元，年均增长9.7%；贫困地区基本生产生活条件明显改善，群众教育、医疗、住房、出行、通信等长期没有解决的老大难问题普遍解决。精准扶贫方略的成功实践，使得我国在2020年脱贫攻坚任务完成后有1亿左右贫困人口实现脱贫，提前十年实现联合国2030年可持续发展议程的减贫目标，这对于中国和世界都具有重大意义。

——中共中央党史和文献研究院编，《习近平扶贫论述摘编》，外文出版社，2018年

【阅读书目推荐】

中共中央党史和文献研究院. 习近平扶贫论述摘编[M]. 北京：中央文献出版社，2018.

简介：党的十八大以来，习近平总书记站在全面建成小康社会、实现中华民族伟大复兴中国梦的战略高度，把脱贫攻坚摆到治国理政突出位置，提出一系列新思想新观点，作出一系列新决策新部署，推动中国减贫事业取得巨大成就，对世界减贫进程做出了重大贡献。本书内容摘自习近平2012年11月15日至2018年6月期间的讲话、报告、演讲、指示、批示等60多篇重要文献。

【经典视频推荐】

电影《十八洞村》

简介：《十八洞村》是由苗月执导，王学圻、陈瑾领衔主演的电影。该片于2017年10月13日在中国内地上映。影片以十八洞村的真实故事为原型，讲述了退伍军人杨英俊在扶贫工作队的帮扶下，带领杨家兄弟打赢一场扶贫攻坚战的故事。湖南湘西乡村在扶贫政策实施过程中，十八洞村退伍老兵杨英俊（王学圻饰）和几个堂兄弟家均为精准识别的贫困户，面对现状，他们虽心态各异，但是内心深处都有改变命运的期盼。在扶贫工作队的帮扶下，杨英俊带领杨家兄弟立志、立身、立行，决心打一场脱贫攻坚战，在追求生活脱贫的过程中，他们完成了一次精神上的脱贫，他们的思想观念和生活方式发生的巨大变化。

视频链接：

https://www.iqiyi.com/v_19rr8sbot0.html?vfm=2008_aldbd&fv=p_02_01

【理论小贴士】

1. 全面小康：小康一词，最早源自《诗经》，意思是说，人民劳累困苦，希望过安逸的生活。党的十八大提出了到2020年全面建成小康社会的奋斗目标。小康讲的是发展水平，小康社会是从温饱向富裕过渡的阶段，是动态的、发展的。全面讲的是发展覆盖的领域要全面，是"五位一体"全面进步的小康，是惠及全体人民的小康，是城乡区域共同发展的小康。全面小康即经济更加发展、民主更加健全、科教更加进步、文化更加繁荣、社会更加和谐、人民生活更加殷实。

2. "两不愁三保障"：是中国在易地扶贫搬迁中提出的主要目标。"两不愁"即不愁吃、不愁穿，"三保障"即义务教育、基本医疗、住房安全有保障。

【经典语录】

1. 全面建成小康社会，一个民族不能少；实现中华民族伟大复兴，一个民族也不能少。共产党说到就要做到，也一定能够做到。

——习近平在内蒙古自治区考察时的讲话，2019年7月15日

2. 脱贫攻坚是一项历史性工程，是中国共产党对人民作出的庄严承诺。我们党最讲认真，言必行、行必果，说到做到。

——习近平在中共中央政治局第十二次集体学习时的讲话，2019年1月25日

专题十八

全面深化改革

【专题导学】

一、学习目标

1. 理解全面深化改革的必要性和重要性、全面深化改革的方向、全面深化改革的总目标和主要内容。

2. 认识全面深化改革中需要处理好的重大关系。

3. 促进自己对坚持全面深化改革基本方略的理解和认同，树立创新意识，为进一步推进全面深化改革凝聚力量。

二、重点和难点

（一）重点

1. 理解全面深化改革的必要性和重要性。

2. 理解并坚定全面深化改革的方向。

3. 明确全面深化改革的总目标。

（二）难点

理解全面深化改革的必要性和重要性。

三、主要学习内容

（一）改革是一个国家、一个民族的生存发展之道

"四个全面"战略布局是党在新时代治国理政的总方略，其中，全面深化改革是"四个全面"战略布局中具有突破性和先导性的关键环节。全面深化改革，是顺应当今世界发展大势的必然选择，是解决中国现实问题的根本途径，关系党和人民事业前途命运，关系党的执政基础和执政地位。全面深化改革必须坚持党的集中统一领导，沿着中国特色社会主义方向前进，往有利于维护社会公平正义、增进人民福祉方向前进，坚持社会主义市场经济改革方向。

（二）改革是由问题倒逼而产生，又在不断解决问题中得以深化

党的十八大前后，中国经济处于经济增速换挡期、结构调整阵痛期、前期刺激政策消化期"三期叠加"的困难阶段，同时，还面临经济快速下滑、改革进程不一和外

部力量冲击三重风险。要应对、化解这些困难和风险，对新一轮改革推进的时机、力度、节奏、策略、路径和方法提出更为严峻的挑战和更加苛刻的要求，全面深化改革是解决中国现实问题的根本途径。

（三）全面深化改革的总目标和主要内容

全面深化改革的总目标是完善和发展中国特色社会主义制度，推进国家治理体系和治理能力现代化，主要涉及经济、政治、文化、社会、生态文明和党的建设等各领域体制机制、法律法规方面的具体目标和任务。

（四）正确处理全面深化改革中的重大关系

全面深化改革需要处理好解放思想和实事求是的关系、顶层设计和摸着石头过河的关系、整体推进和重点突破的关系、胆子要大和步子要稳的关系以及改革、发展、稳定的关系。

四、学习建议

学习本专题可以采用查阅文献、自主探究、案例分析、交流讨论等方法。

（一）文献查阅

可查阅学习两个文件（中共十八届三中全会通过的《中共中央关于全面深化改革若干重大问题的决定》和中共十九届四中全会通过的《中共中央关于坚持和完善中国特色社会主义制度、推进国家治理体系和治理能力现代化若干重大问题的决定》），明确全面深化改革最为关键的是无论改什么、改到哪一步，坚持党对改革的集中统一领导不能变，完善和发展中国特色社会主义制度、推进国家治理体系和治理能力现代化的总目标不能变，坚持以人民为中心的改革价值取向不能变。理解全面深化改革的必要性和重要性、全面深化改革的方向、全面深化改革的总目标和主要内容。

（二）案例分析

2013年党的十八届三中全会审议通过《中共中央关于全面深化改革若干重大问题的决定》后，全国各地把全面深化改革作为推进经济社会发展的推进力。同学们可据此进行案例分析与研究，有助于理解教材中关于"正确处理全面深化改革中的重大关系"方面的内容。

【歌曲赏析】

歌曲1：《创新之歌》

简介："干惊天动地事，做隐姓埋名人。"一代又一代的航天人用拼搏成就伟业，用奋斗创造辉煌。MV《创新之歌》展现了中国航天事业从无到有、从弱到强的奋斗历程。如今，迈步新时代的航天人，正在用不断创新和拼搏的精神，朝着建设航天强国的目标阔步前行。

歌曲2：《永远的依恋》

简介：孔兰兰演唱的歌曲《永远的依恋》2016年9月上线后得到网友的广泛认可。歌曲以唯美的曲调讴歌新时代改革创新，唱出了新时代年轻人坚定听党指挥、创造新世纪的理想信念。

【案例解析】

案例1：中国（山东）自由贸易试验区青岛片区挂牌

案例导读：

2019年8月31日上午，中国（山东）自由贸易试验区青岛片区举行挂牌仪式。山东省委常委、青岛市委书记王清宪，青岛市委副书记、市长孟凡利为中国（山东）自由贸易试验区青岛片区挂牌，同时为入驻企业代表颁发营业执照。

建设自由贸易试验区，是以习近平同志为核心的党中央统筹国内国际两个大局，全面深化改革和扩大开放作出的一项战略部署。自贸试验区最大的优势在于制度创新。

案例呈现：

全球贸易投资进入"规则重谈、格局重构"的深度调整期，实施自由贸易试验区战略就是要另辟蹊径，通过制度创新，来为全面深化改革和扩大开放探索新途径、积累新经验。

青岛过去的开放更多的是"单打独斗"式的开放。对内看，北有京津冀，南有长三角、珠三角，青岛陷入"南北两不靠"的尴尬境地，向北"连不上"，向南"接不上"，如果不能很好地融入国家发展战略，不能有效衔接各大经济圈，就有被边缘化的风险。对外看，青岛虽然有着毗邻日韩的天然优势，但由于缺乏高水平、辐射力强的开放平台，这一优势未能充分发挥。同时，青岛虽然有着东西双向互济、陆海内外联动的区位优势，但这种互济与联动动力不足，"黏性"不够。

经过40多年的发展，改革开放的"浅水区"已经"摸不到大鱼"，急需走入"深水区"。自贸试验区本身就是基于深层次改革开放的制度设计，初衷就是要以高水准平台撬动高水平改革开放。这正是基于我国现阶段改革开放实际作出的审慎决策与部署。山东自贸试验区总体方案明确提出，以供给侧结构性改革为主线，以制度创新为核心，以可复制可推广为基本要求，建设新时代改革开放新高地。

自贸试验区核心的试点任务就是要厘清政府与市场的边界，凡是市场机制能解决的一律交给市场，政府不要干预；市场机制还不够完善的，政府就去培育市场；在市场失灵的领域，政府则要更好地补位。政府要恰当扮演"空气"与"氧气"这两大角色。只要青岛大胆试、大胆闯、自主改，种好自贸试验区这块"试验田"，就能"闯"出一片新天地。

——摘自"学习强国"之青岛学习平台

思考解答：

结合案例，阐述如何正确处理全面深化改革中的重大关系。

_____

_____

_____

_____

案例2：深化户籍制度改革　创新人口服务管理

案例导读：

到 2020 年，江苏将有 800 万农业转移人口进城落户，城镇化率进一步提高。目前，全省各地制定了哪些落户政策，如何进一步放宽落户条件？在南京和苏州，普通劳动者怎样实现积分落户？如何通过配套改革，缩小公共服务的差距？请到节目视频中寻找答案。

案例呈现：

https://v.qq.com/x/page/s30265hqf0x.html?

思考解答：

结合案例，深化你对全面深化改革总目标和主要内容的认识和理解。

_____

_____

_____

_____

【"四史"记忆】

中国共产党第十八届中央委员会第三次全体会议

中国共产党第十八届中央委员会第三次全体会议于 2013 年 11 月 12 日下午闭幕。为期四天的全会听取讨论了习近平受中央政治局委托作的工作报告，审议通过《中共中央关于全面深化改革若干重大问题的决定》。

中国共产党第十八届中央委员会第三次全体会议主要议程是中共中央政治局向中央委员会报告工作，研究全面深化改革重大问题。此次会议之前，在35年的改革开放过程中，党中央已召开了七次三中全会。从十一届三中全会，到十七届三中全会，每次三中全会，党中央都站在历史潮头，果敢抉择，科学部署，引领改革阔步前行。

《中共中央关于全面深化改革若干重大问题的决定》阐述了中国全面深化改革的重大意义，总结了中国改革开放35年来的历史性成就和宝贵经验，提出了到2020年全面深化改革的指导思想、目标任务、重大原则，描绘了全面深化改革的新蓝图、新愿景、新目标，合理布局了深化改革的战略重点、优先顺序、主攻方向、工作机制、推进方式和时间表、路线图，汇集了全面深化改革的新思想、新论断、新举措，是我们党在新的历史起点上全面深化改革的科学指南和行动纲领。

——摘自学习强国，2013年11月15日、2013年11月18日

【阅读书目推荐】

习近平.论坚持全面深化改革[M].北京：中央文献出版社，2018.

简介：这部专题文集以2012年12月7日至11日习近平同志在广东考察工作时讲话的要点《改革不停顿，开放不止步》为开卷篇，以2018年12月18日习近平同志《在庆祝改革开放四十周年大会上的讲话》为收卷篇，收入习近平同志论述坚持全面深化改革的重要文稿72篇，约31万字。

【经典视频推荐】

纪录片《将改革进行到底》

简介：大型政论专题片《将改革进行到底》热播以来，在全国各界干部群众中引起强烈反响。大家表示，专题片是全面深化改革的全景式报道，呈现了"四梁八柱"框架搭建的历程，讲述了"五位一体"总体布局和"四个全面"战略布局的深邃内涵与生动故事，尤其从"为什么改？""往哪儿改？""如何改到位？"等方面，回答了全面深化改革的时代之问、胜战之问、人民之问。

视频链接：

http：//tv.cctv.com/2017/11/07/VIDArw8WAwxh93Mmku4UiVea171107.shtml

【理论小贴士】

1. 中国特色社会主义制度：中国特色社会主义制度包括人民代表大会制度的根本政治制度，中国共产党领导的多党合作和政治协商制度、民族区域自治制度以及基层群众自治制度等基本政治制度，中国特色社会主义法律体系，公有制为主体、多种所有制经济共同发展的基本经济制度，建立在这些制度基础上的经济体制、政治体制、文化体制、社会体制等各项具体制度。

2. 国家治理体系和治理能力：两者是一个国家制度和制度执行能力的集中体现，两者相辅相成。国家治理体系是在党领导下管理国家的制度体系，包括经济、政治、文化、社会、生态文明和党的建设等各领域体制机制、法律法规安排，也就是一整套紧密相连、相互协调的国家制度。国家治理能力则是运用国家制度管理社会各方面事务的能力，包括改革发展稳定、内政外交国防、治党治国治军等各个方面。

【经典语录】

1. 我们要继续全面深化改革，开弓没有回头箭，改革关头勇者胜。

——习近平2015年新年贺词

2. 深化党和国家机构改革是要动奶酪的、是要触动利益的、也是真刀真枪的，是需要拿出自我革新的勇气和胸怀的。

——习近平2018年2月26日至28日在十九届三中全会上的讲话

专题十九

全面依法治国

【专题导学】

一、学习目标

1. 了解我国全面依法治国方略形成和发展的过程，坚定并维护中国特色社会主义法治道路的决定与信心。

2. 理解并掌握坚持中国特色社会主义法治道路的核心要义、走中国特色社会主义法治道路必须遵循的基本原则。

3. 明确全面依法治国的总目标和重要任务。

二、重点和难点

（一）重点

1. 明确并坚定走中国特色社会主义法治道路必须坚持的原则。

2. 深刻理解中国特色社会主义法治道路的核心要义。

3. 理解并支持深化依法治国实践。

（二）难点

1. 深刻理解中国特色社会主义法治道路的核心要义。

2. 坚持依法治国和以德治国相结合。

三、主要学习内容

（一）全面依法治国是中国特色社会主义的本质要求和重要保障

法治是现代政治文明的核心，是发展社会主义市场经济、实现强国富民的基本保障，是解决社会矛盾、维护社会稳定、实现社会正义的有效方式。走法治道路是实现中华民族伟大复兴的必然选择。全面依法治国是关系我们党执政兴国、人民幸福安康、党和国家长治久安的重大战略问题。

（二）全面依法治国方略的形成与发展

全面依法治国这一重大战略部署的形成经历了一个过程。我们党执政以来，为建设社会主义法治国家进行了长期奋斗和不懈努力，在深刻总结正、反两方面经验教训的基础上，逐渐认识和把握了社会主义法治建设的规律，一步一步拓展出了中国特色社会主义法治的成功道路。十八大以来，我们党从坚持和发展中国特色社会主义全局出发，从实现国家治理体系和治理能力现代化的高度，提出了全面依法治国这一重大战略部署。十八届三中全会进一步提出推进法治中国建设。十八届四中全会明确提出全面推进依法治国，加快建设法治中国。十九大明确提出全面依法治国是中国特色社会主义的本质要求和重要保障。

（三）全面依法治国的核心要义

一是坚持加强党对依法治国的领导。二是坚持人民主体地位。三是坚持中国特色社会主义法治道路。四是坚持建设中国特色社会主义法治体系。五是坚持依法治国、依法执政、依法行政共同推进，法治国家、法治政府、法治社会一体建设。六是坚持依宪治国、依宪执政。七是坚持全面推进科学立法、严格执法、公正司法、全民守法。八是坚持处理好全面依法治国的辩证关系。九是坚持建设德才兼备的高素质法治工作队伍。十是坚持抓住领导干部这个"关键少数"。

（四）中国特色社会主义法治道路

中国特色社会主义法治道路，本质上是中国特色社会主义道路在法治领域的具体体现。坚持中国特色社会主义法治道路，最根本的是坚持党的领导，坚持中国特色社会主义制度，坚持中国特色社会主义法治理论，从中国国情和实际出发，走适合自己的法治道路。既要从中国优秀传统法治文化中汲取丰厚滋养，又要学习借鉴世界上优秀的法治文明成果，坚持以我为主、为我所用，认真鉴别，合理吸收，不能搞照搬照抄。

四、学习建议

对本专题内容建议通过观看视频、采取自主探究法和查阅文献法进行学习。

1. 观看大型文献纪录片《铸法》，了解中国特色社会主义法律体系的起步、发展、形成，改革开放以来党吸取历史经验教训，高度重视法治，十五大明确把依法治国确立为治理国家基本方略，把建设社会主义法治国家确定为社会主义现代化建设的重要目标的历史过程。

2. 研究学习党的十八届四中全会《中共中央关于全面推进依法治国若干重大问题的决定》，了解中国特色社会主义法治道路的总目标和必须坚持的原则。

3. 查阅党的十八大以来，中共中央总书记、国家主席、中央军委主席习近平围绕全面依法治国发表的一系列重要论述。

阅读《习近平关于全面依法治国论述摘编》，深刻理解全面依法治国的重大意义，系统把握全面依法治国的指导思想、总目标、基本原则和总体要求。

阅读2019年第4期《求是》杂志刊发的习近平总书记重要文章《加强党对全面依法治国的领导》，理解"加强党对全面依法治国的集中统一领导，统筹推进全面依法治国工作"的意义和方法。

【歌曲赏析】

歌曲1：《法治的力量》

简介：歌曲《法治的力量》创作于2019年4月，陕西省渭南市华州区司法局响应党中央号召，首次尝试以这种歌曲和MV新的宣传方式推进普法工作。歌曲围绕"树立全民法治意识，弘扬全面依法治国"的核心思想展开，表现了司法干部尽职尽责、忠诚为民，用法律服务广大人民群众，用真情化解矛盾纠纷，用正义守护法律尊严、维护社会和谐稳定的朴素情怀。歌曲体现了当代法律人和政法干警"忠诚、为民、公正、廉洁"的核心价值观，谱写了新时代法治文明的和谐乐章。这是一部小切口、大情怀、正能量的音乐作品，是一部接地气、有温度、带露珠的主旋律歌曲。

歌曲2：《法治》

简介：歌曲《法治》是由东莞（塘厦）作词、作曲家协会组织创作的社会主义核心价值观组歌之一。这一系列组歌以"富强""民主""文明""和谐""自由""平等""公正""法治""爱国""敬业""诚信""友善"24字为题，共12首。

【案例解析】

案例1：人情与法律发生冲突时，必须坚持法律原则

案例导读：

2019年7月17日，陕西省汉中市中级人民法院遵照最高人民法院院长签发的死刑执行命令，对在2018年除夕之夜连杀三人的张扣扣执行了死刑。张扣扣案反映了极其强烈的法律与人情、复仇与犯罪等冲突与矛盾关系。法律是人们的行为规范，在人情与法律发生冲突时，必须坚持法律原则，任何人不得以任何借口突破法律的防线。

案例呈现：

针对张扣扣案，相关人民法院不仅在程序方面严格遵守刑事诉讼法的有关规定，在刑事实体法方面，也严格贯彻执行了"罪刑法定原则"和"罪刑相适应原则"。张扣扣虽然具有自首情节，但是张扣扣有预谋地故意杀害三位被害人，且手段极其残忍，主观恶性与客观后果极其严重，对其予以从轻或者减轻处罚完全符合刑法规定。此外，最高人民法院在对张扣扣案的死刑复核过程中，严肃认真审核全案事实与证据，最后依法裁定核准张扣扣死刑。

一些重大刑事案件往往成为人们关注的焦点，之所以如此，是因为这些重大刑事案件往往与重大社会问题联系在一起。张扣扣案就反映了极其强烈的法律与人情、复仇与

犯罪等冲突与矛盾关系。法律是人们的行为规范，在人情与法律发生冲突时，必须坚持法律原则，任何人不得以任何借口突破法律的防线。

我国传统法文化中存在"为父母复仇合理合法"的伦理道德因素。但是这种血亲复仇的制度和传统，显然与现代文明的法律制度格格不入。无论个人有多么充足的理由，也不能以复仇的名义将他人（哪怕是一个杀人魔王）擅自处死！

围绕本案的司法判决，社会舆论存在不同意见。但应当教育和引导民众认识本案的客观真实情况，了解国家刑法规定及其适用原则。表面上来看，张扣扣所谓为母复仇似乎有令人同情之处，但由于他极其严重地违反了刑法禁止性规范，故其必须依法承担自己行为招致的法律后果。

"私力救济"切不可超越法律规定范围。刑法上规定的正当防卫、紧急避险等都是私力救济的表现。但是，在现代法治社会，绝不允许公民个人随意采取报复手段来维护个人权利。特别是对于犯罪造成的侵害，除了符合正当防卫、紧急避险等法律规定的情况外，公民个人绝不可以对加害人采取随意报复措施。

尽管有少数人认为"替母报仇天经地义"，但这与现代法治文明是背道而驰的。这是因为，如果国家允许公民个人私自复仇，那么国家的法治秩序就会荡然无存，人类就会退回到"血亲复仇"或者"同态复仇"的古老蒙昧的野蛮时代。

——摘自中华人民共和国最高人民法院官网

思考解答：

结合案例，谈谈如何理解中国特色社会主义法治道路的内涵。

_____

_____

_____

_____

案例2：物美集团原董事长张文中再审案

案例导读：

2007年12月25日，河北省衡水市人民检察院向衡水市中级人民法院提起公诉，指控物美控股集团有限公司（以下简称物美集团）创始人、董事长张文中犯诈骗罪、单位行贿罪、挪用资金罪。

2008年9月，衡水市中级人民法院不公开审理了此案。2008年10月9日，衡水市中级人民法院作出一审判决，对张文中以诈骗罪判处有期徒刑十五年，并处罚金50万元，以单位行贿罪判处有期徒刑三年，以挪用资金罪判处有期徒刑一年，决定执行有期徒刑十八年，并处罚金50万元；违法所得予以追缴，上缴国库。

宣判后，张文中提出上诉。

2009年3月30日，河北省高级人民法院作出终审判决，维持一审判决对张文中单位行贿罪、挪用资金罪定罪量刑和诈骗罪定罪部分及违法所得追缴部分；认定张文中犯诈骗罪，判处有期徒刑十年，并处罚金50万元，与其所犯单位行贿罪、挪用资金罪并罚，决定执行有期徒刑十二年，并处罚金50万元。

2016年10月，张文中向最高人民法院提出申诉。最高人民法院于2017年12月27日作出再审决定，提审该案，并依法组成五人合议庭，于2018年2月12日公开开庭审理了该案。

2018年5月31日，最高人民法院对原审被告人张文中诈骗、单位行贿、挪用资金再审一案进行公开宣判，撤销原审判决，改判张文中无罪，原判已执行的罚金及追缴的财产，依法予以返还。

该案是当前我国影响重大且具有重要典型意义的民营企业、民营企业家涉罪案件，是在全面依法治国、加强产权和企业家权益保护大背景下，最高人民法院依法纠正涉产权和企业家冤错案件的第一案，被媒体称为"人民法院落实党中央产权保护和企业家合法权益保护政策的'标杆'案件"，被专家、学者称为"我国加强民营企业产权刑法保护的司法典范"。

——摘自中国法院网 张文中再审改判无罪案——最高人民法院纠正涉产权和企业家冤错第一案

案例呈现：

http://tv.people.com.cn/n1/2018/0530/c43911-30024236.html

思考解答：

结合案例思考你对深化依法治国实践是如何理解的。

【"四史"记忆】

《中华人民共和国民法典》的颁布

2020年5月28日,中华人民共和国第十三届全国人民代表大会第三次会议表决通过了《中华人民共和国民法典》。

编纂民法典是一场新时代科学立法、民主立法的生动实践,一部民法典,映射一个国家的立法水平。"创新"与"整合"协调搭配,让民法典在最大程度保持民事法律制度连续、稳定的前提下,体现立法的前瞻性和开放性,有效回应时代要求。

《中华人民共和国民法典》是新中国第一部以法典命名的法律,在法律体系中居于基础性地位,也是市场经济的基本法。《中华人民共和国民法典》共7编、1 260条,各编依次为总则、物权、合同、人格权、婚姻家庭、继承、侵权责任,以及附则。

民法典的立法过程是一次中国特色社会主义科学立法、民主立法、依法立法的生动实践。民法典编纂过程中,先后10次通过中国人大网公开征求意见,累计收到42.5万人提出的102万条意见和建议。针对这些意见、建议所涉及的问题,全国人大常委会认真研究,并在草案修改中加以体现。

随着民法典编纂完成,我国民事法律规范进一步得到完善,中国特色社会主义法律体系更加健全。立法迈出的这一大步,对实现国家治理体系和治理能力现代化具有重大而深远的意义。

——参考新华社(2020年5月29日)相关信息、中国青年网(2020年9月17日)相关信息

【阅读书目推荐】

中共中央文献研究室.习近平关于全面依法治国论述摘编[M]. 北京:中央文献出版社,2015.

简介:党的十八大以来,中共中央总书记、国家主席、中央军委主席习近平围绕全面依法治国发表了一系列重要论述。认真学习这些重要论述,对于深刻理解全面依法治国的重大意义,系统把握全面依法治国的指导思想、总目标、基本原则和总体要求,深入贯彻落实党的十八届四中全会精神,按照协调推进"四个全面"战略布局的要求不断开创依法治国新局面,具有十分重要的意义。

【经典视频推荐】

政论专题片《法治中国》

简介：《法治中国》以建设法治中国为主题，以党的十八大以来中央关于全面依法治国重大决策部署和重大成就为主线，内容涵盖法治建设主要方面，既有权威、严谨的理论阐述，突出思想性和理论深度，又有丰富、生动的案例故事，体现人民群众因法治进步而不断增强的获得感和幸福感。

视频链接：

http://news.cctv.com/2017/08/18/ARTIEptu0neA4RmjlaO1jAR3170818.shtml

【理论小贴士】

1. 以德治国：以马列主义、毛泽东思想、邓小平理论和"三个代表"重要思想为指导，以为人民服务为核心，以集体主义为原则，以爱祖国、爱人民、爱劳动、爱科学、爱社会主义为基本要求，以社会公德、职业道德、家庭美德、个人品德的建设为落脚点，建立与社会主义市场经济相适应、与社会主义法律体系相配套的社会主义思想体系，并使之成为全体人民普遍认同和自觉遵守的行为规范。

2. 依法治国：依照体现人民意志和社会发展规律的法律治理国家，而不是依照个人意志、主张治理国家；要求国家的政治、经济运作、社会各方面的活动通通依照法律进行，而不受任何个人意志的干预、阻碍或破坏。

【经典语录】

1. 没有规矩不成方圆。无论什么形式的媒体，无论网上还是网下，无论大屏还是小屏，都没有法外之地、舆论飞地。

——习近平2019年1月25日在十九届中央政治局第十二次集体学习时的讲话

2. 奉法者强则国强，奉法者弱则国弱。令在必信，法在必行。制度的生命力在于执行，关键在真抓，靠的是严管。

——习近平2018年5月18日在全国生态环境保护大会上的讲话

专题二十

全面从严治党

▲

【专题导学】

一、学习目标

1. 准确把握新时代党的建设总要求。

2. 深刻认识把党的政治建设摆在首位的重大意义。

3. 深刻认识全面从严治党的长期性和艰巨性。

4. 增强对党的长期执政能力建设、先进性和纯洁性建设的信心。

二、重点和难点

（一）重点

1. 理解党的领导是中国特色社会主义的最本质特征，把握把政治建设摆在首位的必然性、做到"两个维护"是政治建设的首要任务的重要性。

2. 理解全面从严治党的重要意义，把握全面从严治党的内涵和长期性。

3. 理解新形势下党面临的"四大考验"和"四大危险"、新时代党的建设的总要求。

（二）难点

1. 理解新时代党的建设的总要求。

2. 认识全面从严治党的重要意义，把握全面从严治党的内涵和长期性。

三、主要学习内容

（一）新时代党的建设总要求

1. 党的建设新的伟大工程在实现中华民族伟大复兴的历史使命的"伟大斗争、伟大工程、伟大事业、伟大梦想"的实践中起着决定性的作用。全面从严治党，是新时代党的建设的根本方针，是新时代坚持和发展中国特色社会主义的基本方略之一，是新时代治国理政战略布局的重要战略举措。全面从严治党，核心是加强党的领导，基础在全面，关键在严，要害是治。

2. 改革开放以来，党面临着执政考验、改革开放考验、市场经济考验、外部环境考验，存在着精神懈怠危险、能力不足危险、脱离群众危险、消极腐败危险。进入新时代，党内存在的思想不纯、组织不纯、作风不纯等突出问题尚未得到根本解决。党面临诸多挑战和风险，有的来自国际，有的来自国内，但根本来自党内。

3. 勇于自我革命，从严管党治党，是党最鲜明的品格。我们党以人民的利益为利益，没有自己的特殊利益，所以具有彻底的自我革命的勇气。党能够自己纠正自己的错误，这是党的政治优势。打铁必须自身硬，党的自我革命是推进新时代中国特色社会主义伟大社会革命的关键。不断增强党自我净化、自我完善、自我革新、自我提高的能力。

4. 新时代党的建设目的是坚持和加强党的全面领导，方针是坚持党要管党、全面从严治党，主线是加强党的长期执政能力建设、先进性和纯洁性建设，总体布局是以党的政治建设为统领，以坚定理想信念宗旨为根基，以调动全党积极性、主动性、创造性为着力点，全面推进党的政治建设、思想建设、组织建设、作风建设、纪律建设，把制度建设贯穿其中，深入推进反腐败斗争，不断提高党的建设质量，目标是把党建设成为始终走在时代前列、人民衷心拥护、勇于自我革命、经得起各种风浪考验、朝气蓬勃的马克思主义执政党。

（二）把党的政治建设放在首位

1. 把党的政治建设摆在首位，是新时代党的建设的时代特征。旗帜鲜明讲政治是马克思主义政党的根本要求，党的政治建设是党的根本性建设、决定党的建设方向和效果，注重党的政治建设是党的十八大以来全面从严治党的成功经验。

2. 做到"两个维护"是党的政治建设的首要任务。要坚决维护习近平总书记作为党中央的核心、全党的核心地位，坚决维护党中央权威和集中统一领导。一个群众性的马克思主义政党，必须要有坚强的组织核心、领导核心，才能形成强大的凝聚力、向心力、战斗力。党的领导核心代表着正确方向，凝结着全党智慧，关系党和国家前途命运。全党同志要树立"四个意识"，坚定"四个自信"，坚决做到"两个维护"的时代要求。

3. 加强党的政治建设还要坚定执行党的政治路线，严格遵守政治纪律和政治规矩；增强党内政治生活的政治性、时代性、原则性、战斗性；完善和落实民主集中制；弘扬忠诚老实、公道正派、实事求是、清正廉洁等价值观；加强党性锻炼，永葆共产党人的政治本色。

4. 在党的政治建设统领下，思想建党和制度治党同向发力，统筹推进党的各项建设。思想理论是灵魂，理想信念宗旨是根基。要抓住领导干部这个"关键少数"，要以组织体系建设为重点。持之以恒正风肃纪，要把力戒形式主义、官僚主义作为重要任务。制度建设是保障，不断上紧制度规矩发条。深化标本兼治，巩固发展反腐败斗争的压倒性胜利。

（三）全面从严治党永远在路上

以永远在路上的执着把全面从严治党引向深入，夺取全面从严治党更大战略性成果。党的十八大以来，全面从严治党成效显著，清除了党内的政治隐患，党得到了革命性的锻造，但是，党面临的"四大考验"具有长期性和复杂性，面临的"四大危险"具有尖锐性、严峻性，改革发展正处在克难攻坚、闯关夺隘的重要阶段，必须打好全面从严治党的攻坚战、持久战。

四、学习建议

（一）推荐通过阅读文献、观看视频学习新时代党的建设总要求

1. 通过观看央视大型纪录片《永远在路上》第一集《人心向背》，充分了解在党领导的革命、建设和改革中取得巨大成就前提下，党内存在的一些问题，从而深刻把握党勇于自我革新的品格。

2. 通过阅读习近平总书记2018年6月29日在十九届中央政治局第六次集体学习时的讲话，充分认识党的建设新的伟大工程在实现中华民族伟大复兴历史使命实践中的决定作用，从而深刻把握新时代党的建设的总要求。

（二）推荐通过阅读文献、观看视频学习全面从严治党

1. 通过一个视频、一个文件汇编明确一个概念。通过央视大型纪录片《筑梦路上》第25集《从严治党》、图书《习近平关于全面从严治党重要摘编》，了解十八大以来从严治党的措施和思路，从而深刻理解、把握从严治党的内涵。

2. 通过阅读习近平总书记在中国共产党第十九届中央纪律检查委员会第三次全体会议上的重要讲话及党的十九届四中全会通过的《中共中央关于坚持和完善中国特色社会主义制度、推进国家治理体系和治理能力现代化若干重大问题的决定》，了解十八大以来全面从严治党取得的战略性成果，深刻把握全面从严治党的长期性与新时代全面从严治党的重要战略意义。

【歌曲赏析】

歌曲1：《以人民的名义》

简介：《以人民的名义》是当代反腐电视剧《人民的名义》的片尾曲，由董冬冬作曲、陈曦作词、实力唱将韩磊携手江映蓉倾情献唱。"以人民的名义托付你，权杖的重量，勋章的意义，当一切尘埃落定喧嚣归隐，一颗心情归故里，潇洒落笔。"激荡人心的词曲在韩磊雄浑豪迈的嗓音与江映蓉富有穿透力的声音诠释下，歌曲所想要传达的精神与情怀淋漓尽现，这部为人民代言的作品着实引人期待。

歌曲2：《一个党员一面旗》

简介：歌曲《一个党员一面旗》是著名的词作家石祥、作曲家田晓耕在2006年5月创作的。2012年经过歌唱家张可二度创作，并献给在党的正确领导下，战斗在各条战线的先进共产党员队伍。歌曲通过描写先进共产党员们几十年如一日急百姓所急、想百姓所想、全心全意为人民服务的精神，来歌颂优秀共产党员。

【案例解析】

案例1：中国共产党为什么要开展党内教育？

案例导读：

新中国成立70周年之际，党中央对"不忘初心、牢记使命"主题教育作出部署。习近平总书记指出："主题教育就是进一步筑牢理想信念，就是要在新中国成立70年的时候宣示下一个70年，我们将高举革命的旗帜，继往开来，重整行装再出发。"

党的十八大以来，党中央围绕坚定理想信念、改进作风、激励干部担当作为等问题，先后部署开展了党的群众路线教育实践活动、"三严三实"专题教育、"两学一做"学习教育以及"不忘初心、牢记使命"主题教育。

案例呈现：

习近平曾用"温水煮青蛙"告诫党员干部警惕理想信念的动摇与丧失。"温水煮，青蛙不知不觉就死去了。一个人也是如此，职务升迁了，生活变好了，信念就可能慢慢消失了。如果你自己不去自我警醒，我们作为一个党不能去自我警醒，那么谁还能叫醒你呢？"一个政党的衰落，往往从理想信念的丧失或缺失开始。苏东剧变就是沉痛的历史教训。28年前，一场"平静的葬礼"将苏联埋葬。苏共领导人推行所谓"民主的人道的社会主义"，丢掉了共产主义信仰；而东欧许多共产党改变自己名称，不愿坚持社会主义制度和以马克思主义为指导。理想信念动摇，是引发苏共垮台、苏联解体的危险引信，是引发东欧共产党垮台的重要原因。中国社会科学院马克思主义研究院原院长邓纯东对人民网记者表示，苏东剧变过去了20多年，今天这些国家的综合国力、绝大多数人民群众的生活水平并没有提高，有些甚至不如剧变之前，有的国家还因此陷入长期的动乱而不能自拔。当时的剧变使苏东国家、人民付出了惨痛的代价，至今还在吞食苦果。

而如今已经走过98年历程并成功执政70年的中国共产党，让一个拥有党员数量比一些西方大国人口都多的大党时刻保持初心、不断焕发生机，无疑更是一个世界级的挑战。

回顾我党的历史，早在1929年古田会议，毛泽东就明确提出，党内最迫切的问题是教育的问题，要求教育党员用马克思列宁主义的方法去作政治形势的分析和阶级势力的估量。新中国成立前夕，延安整风运动开创了党内集中教育活动的先河。新中国成立之后党陆续开展了多次集中教育，内容和形式虽有不同，但加强党员干部党性修养和理论素养始终是重点。通过党内集中教育，引导广大党员干部坚定理想信念是马克思主义政党的鲜明特色。这也正是党成立98年来、新中国成立70年来、改革开放40年来、党的十八大召开7年来，党的建设一以贯之的红线、党的思想建设的永恒主题。"通过党内教育，理想信念已成为我们的立身法宝，让我们时刻牢记自己的初心与使命。"谈起参与近些年历次党内集中主题教育的感受，来自内蒙古克什克腾旗的基层干部梁天宇深有感触。

一名干部有了坚定的理想信念，才能做到"风雨不动安如山"；一个政党有了远大理想和崇高追求，才能经受一次次挫折而又一次次奋起。通过一次次的党内教育活动，马克思主义理论中国化的最新成果根植到每一个共产党员心中，理想信念坚定，才能焕发出强大的力量。

——摘自中国共产党新闻网，2019年11月25日

思考解答：

结合案例谈谈中国共产党不断开展党内教育，把党的政治建设摆在首位的重要意义。

_____

_____

_____

_____

案例2：巡视制度——国之利器、党之利器

案例导读：

2014年12月的一个周末，北京，寒风凛冽。位于金融街的中国联通大楼显得冷冷清清，然而时任中国联通党组书记、董事长常小兵的办公室里却是一番"剑拔弩张"景象。承担对中国联通党组巡视任务的中央第八巡视组组长宁延令和一名巡视干部端坐在沙发上，目光敏锐地投向了办公室里一道紧锁的房门。面对巡视组的"突袭"，常小兵乱了方寸，只得叫秘书将门打开。不出意料，跃入眼帘的是堆满半间屋子的贵重礼品，有名烟、名酒、名茶，还有字画、工艺品等上百件。以此为突破口，常小兵涉嫌违纪违法的问题线索浮出水面……

党的十八大以来，中央巡视工作"揪"出了包括孙政才、苏荣、周本顺、王珉、白恩培、王三运、黄兴国、卢恩光等在内的一批高级领导干部违纪违法问题线索。数据显示，中央纪委立案审查的中管干部案件中，超过60%的问题线索来自巡视。深入

发现问题，形成强大震慑，巡视提振了全党全社会的反腐信心，凝聚了全面从严治党的强大共识，在党中央管党兴党、治国理政建设中发挥着举足轻重的作用。

——摘自人民网，2019 年 10 月 23 日

案例呈现：

https://www.iqiyi.com/v_19rve6qdao.html

思考解答：

结合案例，谈谈加强制度建设对推进全面从严治党的重要意义。

_____

_____

_____

_____

【"四史"记忆】

延安整风运动

1935 年 1 月召开的遵义会议虽然结束了王明"左"倾路线在党内的统治，但党内历次"左"、右倾错误思想尚未肃清，仍然存在着党风不正、学风不正和文风不正的问题。党中央决定在全党范围内开展一次大规模的整风运动。

1941 年初，中共中央集中在延安的 120 多名高级干部学习马列著作和党的历史文献。5 月 19 日，毛泽东作了《改造我们的学习》的报告，强调要理论联系实际，严肃地提出了党内反对主观主义的斗争任务。同年七八月间，党中央号召全党加强调查研究，克服非无产阶级思想，加强党性锻炼。这是全党整风的预备阶段。1942 年 2 月，毛泽东在延安作了《整顿党的作风》和《反对党八股》的报告，明确提出了整风运动的内容、方针、任务和方法。随后，中共中央宣传部发布《关于在延安讨论中央决定及毛泽东同志整顿三风报告的决定》《关于在党内进行整顿三风学习运动的决定》，在延安的近万名干部普遍参加了学习。这是延安整风运动的第二阶段。第三阶段自 1943 年 10 月开始，高级干部重新学习党的历史，研究、讨论、总结历史经验，开展批评与自我批评，弄清路线是非。1944 年 4 月 12 日，毛泽东作了《学习与时局》的报告。1945 年 4 月，中共六届七中全会通过了《关于若干历史问题的决议》。至此，延安整风运动胜利结束。

这次整风运动的内容是：反对主观主义以整顿学风，反对宗派主义以整顿党风，

反对党八股以整顿文风。贯彻的方针是："惩前毖后，治病救人"，用"团结——批评——团结"的方式。采用的方法是：在精读马克思列宁主义基本文献基础上，反省自己的工作、思想，实事求是地进行批评与自我批评。

整风使党的领导机关和干部进一步掌握了马克思列宁主义的普遍真理同中国革命实践相结合的原则，树立了联系群众、调查研究、实事求是的优良作风，使党内达到了空前的团结。

——摘自中共中央党史和文献研究院网，2014年1月20日

【阅读书目推荐】

韩毓海等.人间正道[M].北京：中国人民大学出版社，2011.

简介：该书揭示了中国共产党开创的中国道路的先进性。该书旨在打破100年来国人对西方文明和体制的迷信，树立起对中国道路、中国体制、中国文化的自觉和自信。《人间正道》分上、下两篇：上篇情理交融，史诗般地论述了中国道路是如何发展和超过中国传统文明、马克思的理论、西方发展道路的；下篇以大历史和世界的视野，深刻反思了旧的发展方式，尖锐地批判了西化和分化的社会思潮，从经济、政治、社会三个方面集中论述了中国社会主义道路的独特性和优越性。

【经典视频推荐】

专题节目：《这就是中国》第24期《国际视角下的中国共产党》

简介：《这就是中国》是由东方卫视出品，复旦大学中国研究院、观视频工作室等联合支持的思想政论节目。该节目创新性地采用"演讲＋真人秀"的模式。主讲人张维为教授以自己的政治观和视角通过演讲的方式为观众答疑解惑，并在现场与年轻人展开讨论甚至辩论，最终把中国制度、中国理论、中国道路、中国文化的优势和先进性讲清楚，传达出"民族自信"的相关核心精神。《这就是中国》并没有将节目形式局限于纸上谈兵。相反，该节目突破了传统理论宣讲节目的单向形式，由三个"角色组合"搭配两条主线来完成节目的多角度呈现。

视频链接：

https://v.youku.com/v_show/id_XNDI1MDUwNjQ2NA==.html?spm=a2h0j.11185381.listitem_page1.5!24~A&&s=5933f4b6cd5e4b28b28e

【理论小贴士】

1. 全面从严治党：这是党的十八大以来党中央作出的重大战略部署。全面从严治党，核心是加强党的领导，基础在全面，关键在严，要害在治。"全面"就是管全党、治全党，面向8 900多万党员、450多万个党组织，覆盖党的建设各个领域、各个方面、各个部门，重点是抓住领导干部这个"关键少数"。"严"就是真管真严、敢管敢严、长管长严。"治"就是从党中央到省市县党委，从中央部委、国家机关部门党组（党委）到基层党支部，都要肩负起主体责任，党委书记要把抓好党建当作分内之事、必须担当的责任；各级纪委要担负起监督责任，敢于瞪眼黑脸，敢于执纪问责。

2. 巡视制度：这是党内监督的一项重要制度，指中央和省（区、市）党委，按照有关规定，通过建立专门机构、开展巡行视察，对下级党组织和领导干部进行监督的制度。《中国共产党章程》规定："党的中央和省、自治区、直辖市委员会实行巡视制度。"《中国共产党党内监督条例》规定："巡视是党内监督的重要方式。中央和省、自治区、直辖市党委一届任期内，对所管理的地方、部门、企事业单位党组织全面巡视。"

【经典语录】

1. 打铁必须自身硬。办好中国的事情，关键在党，关键在坚持党要管党、全面从严治党。

——习近平在庆祝改革开放四十周年大会上的讲话，2018年12月18日

2. 党员"破法"，无不始于"破纪"。要严字当头，把纪律的螺丝拧得紧而又紧。要深化运用监督执纪"四种形态"，特别是要在用好第一种形态上下功夫，多做红脸出汗、咬耳扯袖的工作。

——习近平在中央和国家机关党的建设工作会议上的讲话，2019年7月9日

专题二十一

全面推进国防和军队现代化

▲

【专题导学】

一、学习目标

1. 了解习近平强军思想的内容与内涵。

2. 明确坚持党对人民军队绝对领导的内容、制度。

3. 了解十九届三中全会对全面推进国防和军队现代化作出的新的战略安排。

4. 掌握军民融合的内在要求和现实基础。

二、重点和难点

（一）重点

1. 习近平强军思想。

2. 坚持党对人民军队的绝对领导。

3. 建设世界一流军队。

4. 坚持富国和强军相统一。

5. 军民融合深度发展格局。

（二）难点

1. 习近平强军思想主要内容及其对国防和军队建设的指导意义。

2. 国防和军队改革。

3. 我国建设一流军队的战略安排和举措。

三、主要学习内容

（一）习近平强军思想

1. 主题"新时代建设一支什么样的强大人民军队、怎样建设强大人民军队"。

2. 主要内容可概括为"十个明确"：强军使命、强军目标、强军之魂、强军之要、强军之基、强军布局、强军关键、强军动力、强军保障、强军路径。

（二）坚持党对人民军队的绝对领导

1. 确立过程：根本原则和制度发端于南昌起义，奠基于三湾改编，定型于古田会议。

2. 基本内容：军队必须完全地无条件地置于中国共产党的领导之下，在思想上、政治上、行动上始终与党中央、中央军委保持高度一致，坚决维护党中央、中央军委权威，任何时候、任何情况下都坚决听从党中央、中央军委指挥。

3. 制度保证：军队最高领导权和指挥权属于党中央和中央军委，中央军委实行主席负责制，实行党委制、政治委员制、政治机关制，实行党委统一的集体领导下的首长分工负责制；实行支部建在连上。

（三）建设世界一流军队

1. 战略部署：到2020年，国防和军队建设要基本实现机械化，信息化建设取得重大进展，战略能力有大的提升；到2035年，基本实现国防和军队现代化；到本世纪中叶，把人民军队全面建成世界一流军队。

2. 战略举措：牢固树立战斗力这个唯一的根本标准，坚持政治建军、改革强军、科技兴军、依法治军，构建中国特色现代军事力量体系，深入推进练兵备战。

（四）推动军民融合发展

必须把军民融合发展理念和决策部署贯彻落实到经济建设和国防建设全领域全过程，必须把改革创新作为根本，必须要善于运用法治思维和法治方式推动工作，必须向重点领域聚焦用力并以点带面推动整体水平提升，必须强化贯彻落实。

四、学习建议

（一）推荐通过阅读文献、观看视频、交流讨论学习坚持走中国特色强军之路

1. 阅读《习近平强军思想的理论要义》，通过阅读明确"强军强什么？怎么样强军？"这个重大命题。作为曾经的军转干部、如今的中央军委主席，习近平对人民军队怀着深厚感情，也一直对新时代的强军之路进行深邃的理论思考。这一思考凝练形成"习近平强军思想"。

2. 观看青年网络公开课《青年公开课——好好学习》之《中国特色强军之路》。课程由南开大学马克思主义学院孙海东老师主讲。通过观看该片、小组讨论，探讨中国为什么要建设一流军队及深刻理解全面建成世界一流军队的要求。

3. 学习中国共产党新闻网推出的党的十九届四中全会精神之"把党对人民军队的绝对领导贯彻到军队建设各领域全过程"要点问答。通过阅读三个"如何"（如何理解和把握坚持党对人民军队的绝对领导？如何建立健全中国特色社会主义军事政策制度体系？如何提高坚持党对人民军队绝对领导的政治自觉和实际能力？）理解坚持党对军队的绝对领导的重要性。

（二）推荐通过阅读文献、观看视频学习推动军民融合深度发展

1. 学习新华网专栏《强军思想引领新征程》。该专栏连续播发13篇稿件，其中之一是《奏响军民融合的时代乐章》，以习近平接见过的官兵回忆的形式，还原重要历

史时刻，从基层视角宣传阐释习近平强军思想的发展历程、重大意义和指导作用，展示在习近平强军思想引领下国防和军队建设的生动实践和伟大成就。

2.观看央视节目《对话》之《军民融合如何"融"？》。在许多发达国家，发展信息化武器装备所需要的高新技术绝大部分都由民营企业来提供，军民融合发展成为主流。那么，如何让军民融合在新时代焕发"新动能"，助力中国制造业释放存量、提高增量呢？通过观看视频，明确扎扎实实推进军民融合深度发展是实现中国梦强军梦的强大动力和战略支撑。

【歌曲赏析】

歌曲1：《强军战歌》

简介：这首由王晓岭作词、印青作曲、阎维文演唱的军旅歌曲，用铿锵恢宏的旋律、激情澎湃的歌声，抒发了三军将士和武警部队官兵牢记强军目标、坚定强军信念、献身强军实践的坚强决心和豪情壮志。2015年9月3日，在纪念中国人民抗日战争暨世界反法西斯战争胜利70周年大会正式开始前，解放军联合军乐团、解放军合唱团共同向世界奏唱了这曲《强军战歌》。

歌曲2：《在太行山上》

简介：《在太行山上》是抗战老歌，由桂涛声作词，冼星海作曲。这首歌曲创作于1938年7月，是为在山西境内浴血奋战、抗击日本侵略者的抗日军民而创作的一首合唱曲。歌曲描绘了太行山里的游击健儿的战斗生活和勇敢顽强、乐观开朗的性格。该歌曲写成后，在汉口进行首演时，观众大声喝彩，掌声不断，随即传遍了全中国，太行山的游击队都以它为队歌。这首充满了抗日军民革命激情的旋律，使每一个中国人都肃然产生爱国主义的豪情壮志，荡漾着庄严肃穆和博大浪漫主义的民族之魂。

【案例解析】

案例1："三融"模式和"三海"机制——青岛走出军民融合发展新路

案例导读：

青岛西海岸新区把国防和军队的需要纳入地方基础设施建设布局，探索建立重大项目"军地联合论证、共同投资、多方式参与、收益共享"合作模式，打破军地资源二元分离态势，实现军地资源的高效利用。

案例呈现：

"这款三体超高速滑行艇，是军地校企协同创新产品，原本是为海军执行任务而设计的，现在收获了8亿元的民用合同订单……"近日，在山东青岛西海岸新区，记者看到了很多令人眼前一亮的高科技产品，这些产品是近两年青岛在军民融合发展工作中探索实施"三融"模式和"三海"机制取得的系列成果之一。

"西海岸新区是第9个国家级新区，承担着军民融合和海洋强国两大国家战略实践任务，是已批复的19个国家级新区中唯一被赋予军民融合创新示范区功能定位的新区。"山东省委军民融合办常务副主任、青岛市委常委、西海岸新区党工委书记王建祥说。按照"一核引领、多区联动、全省协同"的发展布局，青岛充分发挥海洋海军海防特色，探索平台融合、领域融合、区域融合的"三融"发展模式；建立深海协同、远海保障、海上动员的"三海"融合机制，着力解决谁去融、融什么、怎么融等难题。

"青岛是海洋科学城，这里会聚了全国70%的涉海领域两院院士、50%的海洋高层次人才和30%的海洋科研机构。"西海岸新区古镇口军民融合创新区工委书记刘玮说。军民融合首先要破解装备研发创新不足、科技成果转化机制不畅等问题。为此，青岛利用海洋科技优势，通过创新平台共建、科技装备共研、信息数据共享等方式，率先构建深海协同创新体系。……

依托古镇口军民融合创新区，青岛西海岸设立了军民融合创新、技术装备保障、军地人才培养、军队保障社会化服务、军民融合产业发展、基础设施统筹规划建设等中心，这些中心既是工作机构，又是融合平台，通过平台实现直接与战略母港保障基地的点对点对接、定向服务和靠前保障。与此同时，设立总规模100亿元的军民融合发展基金，整合军地校企科研要素，协同推动国防科技工业"军转民"、地方优势产业"民参军"。

以技术装备保障中心为例，通过组建军地需求对接、资源整合设计、技术保障调度、科技创新协作4个工作室，由200多家科研院所、军工企业和民营企业组建技术保障联盟，每年提供舰船维修保障服务2 000余次，联合攻关技术难题100多项，保障效率提高70%，节省维修维护费用近2/3。

"三融""三海"促进了青岛军民融合产业的高端化发展，形成了中科系、中船系、中航系、中电系、高校系项目的加速集聚，近3年来，仅古镇口军民融合创新区，就有140多个军民融合高端项目引入，总投资达1 200多亿元。

——摘自《光明日报》，2019年04月04日

思考解答：

长期以来，我国积极推动军民融合实践，取得了丰硕的成果，促进了经济实力和国防实力的同步增长。请结合案例，谈谈你是如何认识军民融合问题的。

案例2：中国人民解放军为什么被称为"人民军队"？

案例导读：

这是一次令人回味的对话。1936年，在陕北根据地，美国记者埃德加·斯诺问12岁的月娃子为什么当红军？月娃子答："红军为穷人打仗，是抗日的，谁不想当一名红军战士！"这是一幅震撼人心的画面。

2017年6月26日中午，四川省茂县山体垮塌现场，当搜救官兵面对二次坍塌危险暂时撤离时，一名战士向着废墟里的村子长跪不起。战士名叫王昊，就出生在这里，在此次垮塌中，包括爷爷、父母在内14名亲人失联。而王昊一赶回家乡便向指挥部请令：留下来参加救援！不一样的年代，一样的情怀。放眼世界，或许没有哪一支军队像我军这样，把军民关系比作"鱼水"，喻为"血肉"。人民立场是我军的根本政治立场，也是我军区别于其他国家武装力量的显著标志。我军自成立之日起，就把人民写在自己的旗帜上，把人民放在心中最高位置。

一切来自人民，一切依靠人民，一切服务人民——风云激荡90余载，人民军队与人民鱼水情深、血脉相连，才从胜利走向胜利。

案例呈现：

https://politics.people.com.cn/n1/2019/1023/c429373-31416348.html

思考解答：

人民军队的战无不胜离不开党的领导，结合案例，谈谈坚持党对人民军队的绝对领导的重要意义。

【"四史"记忆】

三湾改编

秋收起义失败后，1927年9月29日下午，毛泽东率领部队到达江西省永新县三湾村。此时，部队已锐减至800多人。当晚，毛泽东即在三湾的"泰和祥"杂货铺主持召开了中共前委扩大会议，系统讲解分析了当前形势和整编任务，对部队进行整顿和改编：允许不愿留下的官兵离队，自愿留下革命的缩编为一个团，这就是举世闻名的三湾改编。

三湾改编确立的"支部建在连上"和"士兵委员会建在连上"的政治原则与民主制度，初步解决了如何把以农民及旧军人为主要成分的革命军队建设成为一支无产阶级新型人民军队的问题。党的组织在部队形成了系统，保证了党对军队的绝对领导；用民主主义制度摧毁旧军队的管理基础，起到了开创性的重要作用，奠定了中国工农红军政治建军的基础。后来，毛泽东在总结井冈山斗争的经验时指出，"红军所以艰难奋战不溃散，'支部建在连上'是一个重要原因"。正是由于"支部建在连上"，使得人民军队能够不断发展壮大，部队的凝聚力、战斗力空前提高，从而夺取了新民主主义革命的胜利。

三湾改编是中国共产党建设新型人民军队最早的一次成功探索和实践，标志着毛泽东建设人民军队思想的形成。三湾改编初步解决了如何把以农民及旧军人为主要成分的革命军队建设成为一支无产阶级新型人民军队的问题，保证了党对军队的绝对领导，奠定了政治建军的基础。

——参考学习强国（2019年10月9日）、共产党员网（2013年9月6日）相关信息

【阅读书目推荐】

中国人民解放军国防大学.中国人民解放军简史[M].南京:江苏人民出版社,2007.

简介：该书是一部全方位描述中国人民解放军军史的宏观著作，客观、真实地描述了人民军队建军以来的各场战斗和不同历史时期军队的变革与发展。历史表明，人民解放军无愧是一支人民军队，是中国革命胜利的中坚力量，是保卫祖国的钢铁长城。中国革命的事实证明"没有一个人民的军队，便没有人民的一切"。

【经典视频推荐】

视频:《军事纪实》之《空中亮剑——庆祝人民空军成立70周年特别节目》

简介：在庆祝人民空军成立70周年航空开放活动上，空军多型武器装备大规模、成体系地亮相现场，而全场关注度最高的，就是

以战斗姿态亮相、首次做出战斗动作的两架歼－20飞机。而歼－20所具备的这种能力，将在未来空战中发挥极其重要的作用。

视频链接：

http：//tv.cctv.com/2019/11/11/VIDEKXosi43vVeKQ5Tx13VTO191111.shtml?spm=C52346.PjtNlbiPmyrB.E1h7b6471fNW.30

【理论小贴士】

1. 军民融合：作为国家战略和深化国防和军队改革的重要任务之一，军民融合是把国防和军队现代化建设深深融入经济社会发展体系之中，全面推进经济、科技、教育、人才等各个领域的融合，在更广范围、更高层次、更深程度上把国防和军队现代化建设与经济社会发展结合起来。

2. 四个战略支撑：2019年7月24日国务院新闻办公室发表的《新时代的中国国防》白皮书指出，进入新时代，中国军队依据国家安全和发展战略要求，坚决履行党和人民赋予的使命任务，为巩固中国共产党领导和社会主义制度提供战略支撑，为捍卫国家主权、统一、领土完整提供战略支撑，为维护国家海外利益提供战略支撑，为促进世界和平与发展提供战略支撑。

【经典语录】

1. 建设一支听党指挥、能打胜仗、作风优良的人民军队，是党在新形势下的强军目标。

——习近平著，《习近平谈治国理政》（第一卷），外文出版社，2014年

2. 创新能力是一支军队的核心竞争力，也是生成和提高战斗力的加速器。

——中共中央宣传部编，《习近平新时代中国特色社会主义思想三十讲》，

学习出版社，2018年

专题二十二

中国特色大国外交

▲

【专题导学】

一、学习目标

1. 让青年学生认识到世界正处于大发展大变革大调整时期，和平与发展仍是当今时代的主题，和平、发展、合作、共赢成为不可阻挡的时代潮流。

2. 掌握中华人民共和国成立以来中国的外交政策演变以及中国共产党外交工作的基本原则。

3. 明确中国坚持独立自主和平外交政策，同国际社会一道致力于推动建立相互尊重、公平正义、合作共赢的新型国际关系。

4. 了解"一带一路"建设顺应时代潮流，符合各国人民利益，具有广阔前景。

5. 理解构建人类命运共同体思想的内涵以及如何共商共建人类命运共同体。

二、重点和难点

（一）重点

1. 坚持独立自主和平外交政策。

2. 推动建立新型国际关系。

3. 构建人类命运共同体思想的内涵。

4. 促进"一带一路"国际合作。

5. 共商共建人类命运共同体。

（二）难点

1. 如何构建新型国际关系。

2. "一带一路"倡议提出的意义、目前取得的主要成就和产生的国际影响。

3. 共商共建人类命运共同体的总体要求、意义。

三、主要学习内容

（一）世界正处于大发展大变革大调整时期

冷战结束后，尤其是进入21世纪以来，国际形势发生了广泛而深刻的变化。世界多极化、经济全球化、文化多样化、社会信息化深入发展，全球治理体系和国际秩序变革加速推进，各国相互联系和依存日益加深，国际力量对比更趋平衡，和平发展大势不可逆转。

（二）坚持独立自主的和平外交政策

坚持从我国的实际情况出发，依靠自己的力量，同各国友好相处，不容许任何国家和集团损害我国的尊严、主权、独立和安全；坚持从我国人民和世界人民的根本利益出发，对于一切国际事务都根据事情本身的是非曲直来决定自己的立场和政策，不屈从于任何外来压力；坚持以和平共处五项原则作为指导国家间关系的基本准则，不以社会制度和意识形态的异同决定国家关系的亲疏。

（三）推动建立新型国际关系

维护世界和平、促进共同发展，是中国外交政策的宗旨。推动建设相互尊重、公平正义、合作共赢的新型国际关系，是党中央立足时代发展潮流和我国根本利益作出的战略选择，反映了中国人民和世界人民的共同心愿。新型国际关系，"新"在相互尊重，"新"在公平正义，特别是"新"在合作共赢，表现在政治、安全、经济、文化、生态五个方面。

（四）"一带一路"倡议

提出"一带一路"倡议，旨在形成陆海内外联动、东西双向互济的开放格局，打造互联互通的全球伙伴网络，打造中国与世界的利益共同体、责任共同体、命运共同体，融通中国梦与世界梦。"一带一路"建设不是另起炉灶、推倒重来，而是实现战略对接、优势互补，把中国发展同各参与国发展结合起来，把中国梦同各参与国人民的梦想结合起来。

（五）共商共建人类命运共同体

构建人类命运共同体思想的核心是"建设持久和平、普遍安全、共同繁荣、开放包容、清洁美丽的世界"；构建人类命运共同体既是中国外交的崇高目标，也是世界各国的共同责任和历史使命，世界各国应携手合作共商共建人类命运共同体；共商共建人类命运共同体的对策：坚持和平发展道路，推动建设新型国际关系，不断完善外交布局，打造全球伙伴关系网络，深度参与全球治理，积极引导国际秩序变革方向，推动国际社会从伙伴关系、安全格局、经济发展、文明交流、生态建设等方面为建立人类命运共同体作出努力。

四、学习建议

（一）推荐通过阅读文献、观看视频学习坚持和平发展道路

1. 学习光明日报社评论员文章《坚持和完善独立自主的和平外交政策——十三论学习贯彻党的十九届四中全会精神》。通过阅读，了解我们党始终把为人类做出新

的更大贡献作为自己的使命，我们的事业始终是同世界各国合作共赢的事业。只有毫不动摇坚持和完善独立自主的和平外交政策，推动构建人类命运共同体，才能更好地统揽伟大斗争、伟大工程、伟大事业、伟大梦想，推进国家治理体系和治理能力现代化，同各国人民一道共同创造人类的美好未来！

2. 观看纪录片《大国外交》。该片通过访谈和故事，既勾勒出中国特色大国外交的理论框架，也展现了新时期中国外交的宏伟实践，反映了中国外交给人民带来的获得感和构建人类命运共同体、"一带一路"等中国理念、中国方案的世界回响。

3. 观看电视剧《外交风云》，该片以宏大的历史视野，真实地再现中华人民共和国成立以来中国外交进程和在中国大地上发生的翻天覆地的巨变。通过观看此片让同学们更加了解新中国成立以来中国的外交政策演变以及中国共产党外交工作的基本原则。

（二）推荐通过阅读文献、观看视频学习推动构建人类命运共同体

1. 阅读文献《论坚持推动构建人类命运共同体》，这是习近平的一部政治理论著作，收录了2013年1月以来，习近平有关论述构建人类命运共同体的重要文稿85篇。通过阅读理解构建人类命运共同体思想的内涵，以及如何共商共建人类命运共同体。

2. 文献专题片《我们走在大路上》第22集《命运与共》，讲述了新时代中国特色大国外交取得了许多历史性、开创性的重大成就。通过观看该片明确中国坚持独立自主和平外交政策，同国际社会一道致力于推动建立相互尊重、公平正义、合作共赢的新型国际关系。

3. 小组讨论构建人类命运共同体的重要性。阅读文字案例"构建'人类命运共同体'为什么被写入联合国决议？"（人民网"70年70问"），对问题进行讨论，让学生更加理解构建人类命运共同体的重要意义。

【歌曲赏析】

歌曲1：《因为祖国》

简介：《因为祖国》是电视剧《外交风云》的主题曲。该剧以1949年新中国诞生为起点，以1976年毛泽东第二次会见尼克松为终点，全景式记叙了毛泽东、周恩来、刘少奇、邓小平、陈毅等老一辈无产阶级革命家对开创新中国外交事业的杰出贡献，全方位展现了日内瓦会议、万隆会议、周恩来访问非洲、恢复联合国席位等一系列波澜壮阔的外交史实，讴歌了他们为推动新中国走向国际舞台、使新中国开始屹立于世界民族之林的奠基之功。

歌曲2:《我和你》

简介:《我和你》是2008年北京奥运会开幕式的主题曲,由常石磊、马文和陈其钢作词,陈其钢作曲,中国歌手刘欢和英国歌手莎拉·布莱曼演唱。这首歌曲传递着和谐世界的人本理念,体现了别具匠心的创作风格,加上歌者的完美演绎和简单易唱的词曲节奏,成为奥运主题歌中又一首风格迥异却仍传唱不衰的经典。

【案例解析】

案例1:"一带一路"助力塞尔维亚抗疫

案例导读:

"一带一路"在平等的文化认同框架下谈合作,是国家的战略性决策,体现的是和平、交流、理解、包容、合作、共赢的精神。在新型冠状病毒肆虐全球的背景下,中国借助"一带一路"与世界各国一道共同抗疫。

案例呈现:

塞尔维亚学者、中国问题专家伊沃娜·拉杰瓦茨日前在接受新华社记者采访时说,中国通过实施积极的财政政策等措施率先从新冠肺炎疫情的影响中逐步恢复经济,值得全球借鉴。中国还通过"一带一路"倡议帮助塞尔维亚走出疫情影响。

拉杰瓦茨说,"一带一路"倡议对塞尔维亚疫情后的经济发展至关重要。依托"一带一路"倡议,包括中国交通建设股份有限公司、中国机械设备工程股份有限公司、山东玲珑轮胎等中资企业在塞尔维亚建铁路、修高速、建工厂,促进塞尔维亚复工复产。在6月17日举行的由中国山东高速承建的塞尔维亚伊维拉克—拉伊科瓦茨快速公路开工仪式上,塞尔维亚总统武契奇曾表示,快速公路建成后,沿线城市将连通E763高速公路,便利民众出行,大大改善地区投资环境,为增加就业、改善生活创造重要条件。

据中国驻塞尔维亚使馆商务处提供的数据,截至目前,中国在塞工程承包、投资类企业共有22家,中方员工约2600人,外方员工约1.5万人。疫情期间,除个别企业员工居家办公外,多数企业在做好安全防护的前提下施工生产,为塞尔维亚上半年经济发展做出重要贡献。据塞尔维亚海关统计,2020年前3个月,塞中贸易额为7.2亿美元,同比增长22%。

拉杰瓦茨说,在塞尔维亚疫情最为严峻的时候,中国提供的帮助体现了两国友谊,塞尔维亚将永远对此表示感激。

——摘自人民网,2020年7月19日

思考解答：

请结合案例谈谈"一带一路"对构建人类命运共同体的意义。

_____

_____

_____

_____

案例2：志合者不以山海为远

案例导读：

2019年11月10日至14日，国家主席习近平应邀对希腊进行国事访问，并赴巴西出席金砖国家领导人第11次会晤。"志合者，不以山海为远"。习主席的这次访问，穿越欧洲拉美，汇聚金砖五国，论大势，谋共赢，话友好。习主席与各国领导人深入交流对话，使绵延千年的东西方文明跨越时空，碰撞出了新时代的光芒，也为做大中欧合作、金砖合作的蛋糕，推动建设人类命运共同体凝聚了新的力量。

案例呈现：

http://news.youth.cn/sz/201911/t20191117_12120805.htm

思考解答：

结合案例，思考作为一个社会主义大国，新时代彰显中国特色、中国风格、中国气派的中国外交有哪些新发展，取得了哪些新成就。

_____

_____

_____

_____

【 "四史"记忆 】

和平共处五项原则

1953年12月，印度派出代表团到中国商谈解决印度在中国西藏地方的历史遗留问题。周恩来总理在12月31日会见印度政府代表团时指出，需要按照"互相尊重领土主权、互不侵犯、互不干涉内政、平等互惠和平共处的原则"来发展中印两国之间的关系，处理和解决两国之间"业已成熟的悬而未决的问题"，得到了印度方面的积极回应。1954年6月，周恩来总理访问印度和缅甸，在中印和中缅两国总理会谈的联合声明中一致同意，将互相尊重领土主权、互不侵犯、互不干涉内政、平等互惠和和平共处五项原则作为处理国家关系的准则。和平共处五项原则的公布，受到国际舆论，特别是亚非拉和欧洲国家广泛的支持和响应。1955年4月，周恩来总理兼外长率领中国代表团参加万隆会议，在大会上，虽然绝大多数国家的代表在发言中表达了对和平友好的诉求，但有的国家代表攻击共产主义，有的则表示了对中国的疑虑。会场的气氛越发紧张。4月19日下午，周恩来讲话时指出，中国代表团是来求团结而不是来吵架的。强调求同存异，并表示中国准备在坚守五项原则的基础上与亚非各国建立正常关系。赢得了各方的尊敬和赞同，会议气氛也产生了积极的变化。

和平共处五项原则的提出，是中国独立自主外交政策的完整体现，标志着中国外交政策的成熟。和平共处五项原则的提出是国际关系史上的重大创举，为推动建立公正合理的新型国际关系做出了历史性贡献。半个世纪以来，和平共处五项原则不仅成为中国奉行独立自主和平外交政策的基础，而且也被世界上绝大多数国家接受，成为规范国际关系的重要准则。

——摘自中国共产党新闻网，2020年6月21日

【阅读书目推荐】

王义桅.世界是通的——"一带一路"的逻辑[M].北京:商务印书馆,2016.

简介：世界是平的，这可能是我们时代的错觉。其实，贫富差距、民心不通，乃各国所面临的紧迫挑战；全球化，成为我们时代的"想当然"。其实，所谓的全球化更多的是沿海地区与发达群体的"部分全球化"。今天，现代化人口规模从起初欧洲的千万级、美国的上亿级，向新兴国家的几十亿级迈进，单靠欧洲所开创的航线、美国所确立的规则，早已无法承载。在这种时代背景下，中国提出"一带一路"伟大倡议，可谓古丝绸之路的中国化、时代化、大众化，堪称第二次地理大发现，体现了中国崛起后的天下担当；同时也预示着，文明的复兴而非单向度的全球化才是世界大势所趋。该书深入浅出地阐述了"一带一路"时代的全球化、文明、战略、经济、政治、外交逻辑，揭示了"一带一路"倡议所展示的中国智慧与世界智慧。

【经典视频推荐】

政论专题片:《大国外交》全集

简介：六集政论专题片《大国外交》以习近平主席外交思想为主线，全景式呈现

了党的十八大以来中国特色大国外交的恢宏历程，展现了中国如何一步步走近世界舞台中心、成为"世界和平建设者、全球发展贡献者、国际秩序维护者"的绚丽画卷。

视频链接：

http://news.cctv.com/special/dgwj/

【理论小贴士】

1. "一带一路"（The Belt and Road）：它是"丝绸之路经济带"和"21世纪海上丝绸之路"的简称，2013年9月和10月中国国家主席习近平分别提出建设"新丝绸之路经济带"和"21世纪海上丝绸之路"的合作倡议。它充分依靠中国与有关国家既有的双多边机制，借助既有的、行之有效的区域合作平台，旨在借用古代丝绸之路的历史符号，高举和平发展的旗帜，积极发展与沿线国家的经济合作伙伴关系，共同打造政治互信、经济融合、文化包容的利益共同体、命运共同体和责任共同体。

2. 人类命运共同体：它是一种价值观，是中国在把握世界发展潮流、人类命运走向上展现出的深邃智慧。习近平说："人类命运共同体，顾名思义，就是每个民族、每个国家的前途命运都紧紧联系在一起，应该风雨同舟，荣辱与共，努力把我们生于斯、长于斯的这个星球建成一个和睦的大家庭，把世界各国人民对美好生活的向往变成现实。"

【经典语录】

1. 面对复杂的国际安全威胁，单打独斗不行，迷信武力更不行，合作安全、集体安全、共同安全才是解决问题的正确选择。

——习近平著，《习近平谈治国理政》（第一卷），外文出版社，2014年

2. 推进"一带一路"建设，要切实推进思想统一，坚持各国共商、共建、共享，遵循平等、追求互利，牢牢把握重点方向，聚焦重点地区、重点国家、重点项目，抓住发展这个最大公约数，不仅造福中国人民，更造福沿线各国人民。中国欢迎各方搭乘中国发展的"快车""便车"，欢迎世界各国和国际组织参与到合作中来。

——习近平著，《习近平谈治国理政》（第二卷），外文出版社，2017年

专题二十三

坚持和加强党的领导

▲

【专题导学】

一、学习目标

1.使青年学生能够准确理解和把握中国共产党的领导地位是历史的必然，是人民的选择。

2.深刻理解和认识党在新时代的历史使命。

3.中国共产党领导是中国特色社会主义最本质的特征，是中国特色社会主义制度的最大优势。

4.党是最高政治领导力量，勇于自我革命是我们党最鲜明的品格。

5.准确理解和把握党的政治建设是党的根本性建设，必须毫不动摇坚持党对一切工作的领导，全面增强党的执政本领，确保党始终总揽全局、协调各方等。增强对党的长期执政能力建设、先进性和纯洁性建设的信心。

二、重点和难点

（一）重点

1.中国共产党的领导地位是历史的必然，是人民的选择。

2.中国共产党领导是中国特色社会主义最本质的特征，是中国特色社会主义制度的最大优势。

3.党在新时代的历史使命，党是最高政治领导力量。

4.全面增强党的执政本领，自我革命是党最鲜明的品格。

（二）难点

1.中国共产党是中国特色社会主义最本质的特征，是中国特色社会主义制度的最大优势。

2.党在新时代的历史使命。

三、主要学习内容

（一）中国共产党的领导地位是历史和人民的选择

中国共产党的领导地位不是自封的，是历史和人民的选择，是由我国国体性质决定的，是由我国宪法明文规定的。中国共产党的领导地位是由其三大历史功绩决定的。这三大历史功绩主要体现在：中国共产党领导中国人民取得的伟大胜利，使具有

5 000多年文明历史的中华民族全面迈向现代化，让中华文明在现代化进程中焕发出新的蓬勃生机；使社会主义主张在世界上人口最多的国家成功开辟出具有高度现实性和可行性的正确道路，让科学社会主义在21世纪焕发出新的蓬勃生机；使具有近70年历史的新中国建设取得举世瞩目的成就，中国这个世界上最大的发展中国家在短短40年里摆脱贫困并跃升为世界第二大经济体，创造了人类社会发展史上惊天动地的发展奇迹，使中华民族焕发出新的蓬勃生机。

（二）中国特色社会主义最本质的特征

中国共产党的领导是中国特色社会主义最本质的特征。这是由科学社会主义的理论逻辑所决定的，是由中国特色社会主义产生与发展的历史逻辑所决定的，是由中国特色社会主义迈向新征程的实践逻辑所决定的。党的领导是中国特色社会主义制度的最大优势。中国特色社会主义制度是中国共产党领导人民创建的。党的领导是中国特色社会主义制度优势发挥的根本保障，党的自身优势是中国特色社会主义制度优势的主要来源。

（三）新时代中国共产党的历史使命

新时代中国共产党的历史使命就是统揽伟大斗争、伟大工程、伟大事业、伟大梦想，在全面建成小康社会的基础上全面建成社会主义现代化强国，实现中华民族伟大复兴的中国梦。伟大斗争、伟大工程、伟大事业、伟大梦想是一个紧密联系、相互贯通、相互作用、有机统一的整体，统一于新时代坚持和发展中国特色社会主义伟大实践。

（四）党是最高政治领导力量

党是最高政治领导力量，这是马克思主义政党学说的基本原则，是对历史经验的深刻总结，是推进伟大事业的根本保证。一是马克思主义政党的基本要求，二是对党领导革命、建设和改革历史经验的深刻总结，三是推进伟大事业的根本保证。必须毫不动摇坚持党对一切工作的领导，坚持党总揽全局、协调各方的领导核心地位。为此，要提高党把方向、谋大局、定政策、促改革的能力和定力，党既要政治过硬，也要本领高强。

四、学习建议

（一）推荐通过阅读文献、重要讲话及视频学习了解中国特色社会主义最本质的特征

1. 学习一个讲话，了解一个内涵。一个讲话即习近平在庆祝改革开放40周年大会上的讲话（2018年12月18日），习近平在讲话中强调了必须坚持党对一切工作的领导，不断加强和改善党的领导。这篇讲话从理论高度上深刻阐释了党的领导是中国特色社会主义最本质的特征和中国特色社会主义最大的优势的深刻内涵。

2. 通过观看《"历史终结论"的终结》《同心战疫》视频片段，结合习近平在庆祝改革开放40周年大会上的讲话，比较学习，从科学性、实践性的角度进一步深刻把

握党的领导是中国特色社会主义最本质的特征和最大的优势这一科学内涵。

（二）推荐通过阅读文献、重要讲话及视频学习了解党在新时代的历史使命

1. 观看视频《学习新辞典——四个伟大》，对新时代中国共产党的历史使命"四个伟大"的内涵进行简单了解。

2. 学习习近平总书记两个重要讲话。一是习近平总书记代表十八届中央委员会于2017年10月18日在中国共产党第十九次全国代表大会上作的报告《决胜全面建成小康社会 夺取新时代中国特色社会主义伟大胜利》（简称"十九大报告"）。十九大报告深刻阐释了什么是新时代党的历史使命，怎样实现新时代历史使命这一重大理论和实践问题。二是习近平总书记在"不忘初心、牢记使命"主题教育工作会议上的讲话（2019年5月31日），讲话中习近平总书记从践行党的根本宗旨、实现党的历史使命的高度，深刻阐述了中国共产党人的初心和使命，对开展主题教育提出明确要求、作出全面部署。这两个重要文件是了解和掌握新时代党的历史使命的重要理论基础。

3. 观看中央电视台重点创新节目《国家记忆》中国有了共产党系列，了解党在新时代的历史使命更为直接的现实依据。

【歌曲赏析】

歌曲1：《唱支山歌给党听》

简介：该歌曲由蕉萍作词，朱践耳作曲。1963年，全国掀起了向雷锋学习的高潮。《唱支山歌给党听》就是在这次高潮中产生的一首优秀歌曲。它的歌词节录于《雷锋日记》，是雷锋从报上摘记的一首诗，作者为陕西铜川矿务局焦坪煤矿的职工姚晓舟（笔名蕉萍）。作曲家朱践耳将其谱成山歌风格的独唱曲，作为故事片《雷锋》的插曲，由胡松华首唱。这是一首深情、悲怆、激昂的"三部曲"式歌曲，情感诉求十分强烈，凡有过相似经历的人，都能产生强烈共鸣。经农奴出身的藏族歌手才旦卓玛再度演绎，很快流传全国，几十年久唱不衰。2019年6月，《唱支山歌给党听》入选中宣部"庆祝中华人民共和国成立70周年优秀歌曲100首"。

歌曲2：《跟着共产党走》

简介：该歌曲由沙洪（原名王敦和）作词，王久鸣作曲。《跟着共产党走》是一首著名赞歌，沂南县孙祖镇东高庄村是其诞生地。1940年6月，在徐向前的领导下，沂蒙根据地的发展壮大进入鼎盛时期。为迎接建党19周年和抗战三周年，受中共山东分局的委托，驻东高庄的抗大一分校在此创作了《跟着共产党走》一歌，作者沙洪和王久鸣以饱满的抗战热情和跟着共产党走的坚定信念，在东高庄创作了这一革命经典歌曲。这一歌曲的诞生表达了沂蒙根据地抗日军民的心声和信念。1949年7月1日，此歌在岸堤开始传唱，从此以后便唱遍全国各地，许多进步青年唱着此歌走向抗日战场。

【案例解析】

案例1：长假检验战疫成效，中国答卷棒棒棒！

案例导读：

在北京故宫博物院，往来的游客络绎不绝；在安徽黄山，登山游客排起长龙；在湖北黄鹤楼景区，每日游览游客全部约满……据中国旅游研究院测算，2020年国庆中秋八天长假期间，全国共接待国内游客6.37亿人次。人们熟悉的"人从众"模式又回来了。值得注意的是，在如此庞大的消费场景和巨大的游客流量情况下，国内没有发生聚集性疫情，我国未发生疫情反弹。从国家卫健委公布的数据来看，10月1日至8日全国新增确诊病例均为境外输入病例。这充分说明，我国抗击新冠肺炎疫情斗争取得的重大战略成果，经受住了假期的"压力测试"，也充分证明，我国防控疫情的各项措施是有效的。

案例呈现：

今年春节假期，"宅家抗疫"成为绝大多数人的选择；五一假期，疫情反弹的风险依然令人忧心。短短几个月后，人们走出家门、享受假期，这和我国有力、有效的疫情防控是分不开的。这次新冠肺炎疫情是百年来全球发生的最严重的传染病，对各国来说都是一次严峻大考。当前，全球范围内疫情扩散蔓延的态势尚未得到根本遏制。我国之所以能够用一个多月的时间初步遏制疫情蔓延势头，用两个月左右的时间将本土新增病例控制在个位数以内，用三个月左右的时间取得武汉保卫战、湖北保卫战的决定性成果，根源在于我们有中国共产党的坚强领导，有国家层面的科学决策，有举国上下的众志成城，有从上到下的严格执行。假期旅游市场的火爆，说明我们在疫情防控和经济恢复上都走在了世界前列，充分显示了中国的强大修复能力和旺盛生机活力。

事实上，防疫成功不成功、防疫的效果到底如何，普通民众的选择最具说服力，消费者有没有恢复信心最能说明问题。中国消费者选择在国庆假期集中出行，愿意在疫情防控常态化背景下加入"人从众"的队伍，并且自觉配合政府和管理部门提出的各项防控要求，是因为中国人民对中国政府是高度信赖的，对防控疫情的成果和举措是高度信任的。这样的信赖信任，帮助中国民众提振了假期消费的信心，也必将为巩固疫情防控的成果、推动各行各业加快复苏、顺利实现我国经济社会发展的各项目标注入强劲动力、提供坚实支撑。

国内旅游市场火爆、景区人气回暖、交通出行安全有序，外媒赞叹地报道，"中国控制住了新冠疫情，如今上亿人开始同时度假""今年的黄金周，武汉的旅游业恢复最具震撼力"，并评价这显示出了"中国自信"。

中国和中国人民的自信不仅来自我们疫情防控的成功，更源于抗疫斗争背后的中国智慧、中国力量、中国担当。这才是中国在疫情防控和经济恢复上都走在了世界前列的关键。

——摘自人民网，2020年10月9日

思考解答：

结合案例及自身抗疫体会，谈谈你对"中国共产党是中国特色社会主义最本质的特征和最大的优势"的理解。

_____

_____

_____

_____

案例2：中国共产党人究竟是什么样的人？

案例导读：

下面一段资料节选自美国著名记者埃德加·斯诺的《红星照耀中国》一书。他在前言部分对中国共产党有过这样一个疑问：中国共产党人究竟是什么样的人？他们同其他地方的共产党人或社会党人有哪些地方相像，哪些地方不同？……

这些战士战斗得那么长久，那么顽强，那么勇敢，而且——正如各种色彩的观察家所承认的，就连蒋介石总司令自己的部下私下也承认的——从整体说来是那么无敌，他们到底是什么样的人？是什么使他们那样地战斗？是什么支持着他们？他们的运动的革命基础是什么？是什么样的希望，什么样的目标，什么样的理想使他们成为顽强到令人难以置信的战士的呢？说令人难以置信，是同中国的那部充满折中妥协的历史比较而言，那他们却身经百战，经历过封锁、缺盐、饥饿、疾病、瘟疫，最后还有那六千英里的历史性"长征"，穿过中国的十二个省份，冲破千千万万国民党军队的阻拦，终于胜利地出现在西北的一个强大的新根据地上。

案例呈现：

https://www.iqiyi.com/v_19rrznoevg.html?vfm=2008_aldbd&fc=828fb30b722f3164&fv=p_02_01

思考解答：

结合案例，阐述为什么中国共产党的领导地位是历史和人民的选择。

_____

_____

_____

_____

【 "四史"记忆 】

古田会议

1929年12月28日至29日，红四军党的九大在福建上杭古田村廖氏宗祠召开，120多位代表出席会议。毛泽东、朱德分别作了政治报告和军事报告。会议一致通过了毛泽东主持起草的《古田会议决议》，选举产生了新的红四军前敌委员会，毛泽东当选为书记。

古田会议并非中共中央召开的高规格会议，只是为解决具体问题而召开的小规模会议，但其影响却是全党性的。《古田会议决议》全文由八个部分组成，即关于纠正党内的错误思想问题、党的组织问题、党内教育问题、红军宣传工作问题、士兵政治训练问题、废止肉刑问题、优待伤病兵问题、红军军事系统与政治系统关系问题。其中最具历史意义的是第一部分"关于纠正党内的错误思想问题的决议"。它创造性地回答了党和军队建设一系列根本性、方向性的重大问题，对于如何建设一支新型人民军队、如何建设党，提出了一整套高屋建瓴的纲领性方案，确立了思想建党、政治建军原则。从党的制度建设角度看，《古田会议决议》，对党的领导制度、组织制度、宣传制度、思想政治工作制度等都作了系统的规定，在建立党的集中统一领导制度上发挥了奠基作用，至今仍具有深远影响和当代价值。

——摘自中共中央文献网，2020年1月12日

【 阅读书目推荐 】

黄相怀等.不忘初心：中国共产党为什么能永葆朝气[M]. 北京：中国人民大学出版社，2016.

简介：研究中国共产党是一门大学问。对很多西方学者来说，中国共产党始终是个谜。他们热衷于唱衰或是预言，却一次次落空，中国共产党依然以其强大的生命力和活力傲立于世界政治舞台。该书作者为中共中央党校八位青年学者，他们以独特的视角、新锐的观点、清新的思想，力图挖掘中国共产党自我革新、不断完善的基因，探寻中国共产党成功之道，深入回答国内外读者关注和困惑的重大问题：中国共产党成功的秘诀是什么，有哪些"看家本领"？中国共产党的执政理念为什么能获得人民的认同？西方的政治制度真比中国的好吗？中国共产党如何避免重蹈苏共覆辙？面对中国经济增速放缓，发展步入"新常态"阶段，中国共产党如何应对挑战？

【 经典视频推荐 】

专题片：《国家记忆》之《中国有了共产党》系列

简介：中央电视台重点创新节目《国家记忆》，以"为国家留史，为民族留记，

为人物立传"为宗旨，展现党史、国史、军史中的重大历史事件、各领域重大工程建设，揭秘重大决策背后的故事，讲述各阶层、各时代的代表性人物，记录和叙述党的奋斗史、创业史、中国特色社会主义探索史、改革开放进程史，具有较强的思想性、艺术性和吸引力、感染力，是开展党员教育培训的生动教材。

视频链接：

http://tv.cctv.com/2018/06/27/VIDEEyJGm0DIh0B22Dx6m8mg180627.shtml

【理论小贴士】

1."三会一课"制度：这是指按照党章和党内有关规定，定期召开支部大会、支部委员会、党小组会，按时上好党课。这是党内政治生活的重要载体，是提高党的创造力凝聚力战斗力的重要途径，是我们党注重思想建党、严密党的组织、增强党的创造力凝聚力战斗力的鲜明体现和制度安排。完整地将"三会一课"制度作为党内生活基本制度固定下来，极大地丰富了党的建设制度体系，并将对严肃党内政治生活、增强党的生机活力发挥重要基础性作用。

2."监督执纪"四种形态：根据党的十八届六中全会审议通过的《中国共产党党内监督条例》，监督执纪有"四种形态"，第一种形态，经常开展批评和自我批评、约谈函询，让"红红脸、出出汗"成为常态。第二种形态，让党纪轻处分、组织调整成为违纪处理的大多数。第三种形态，让党纪重处分、重大职务调整的成为少数。第四种形态，让严重违纪涉嫌违法立案审查的成为极少数。这"四种形态"深刻切中了党员违纪现象的共性规律，回答了"用什么执纪、为什么监督"等重大理论和现实问题，对于挺纪在前、执纪必严，以纪律建设推进从严治党、依规治党，具有重要战略意义和丰富实践价值。

【经典语录】

1.党政军民学，东西南北中，党是领导一切的。

——中共中央宣传部编，《习近平新时代中国特色社会主义思想三十讲》，
学习出版社，2018年

2.人民是我们党执政的最大底气，是我们共和国的坚实根基，是我们强党兴国的根本所在。

——习近平在"不忘初心、牢记使命"主题教育工作会议上的讲话，2019年

第二部分

实践项目

必选实践项目一

"家乡'四史'传承有我"社会调查实施方案

根据《中共中央宣传部 教育部关于进一步加强和改进高等学校思想政治理论课的意见》文件要求，"毛泽东思想和中国特色社会主义理论体系概论"（以下简称"概论"）课中设实践课，为更好地将实践课落到实处，达到实践教学的目的，决定在2020—2021学年春季学期"概论"课程实践课中，实施"家乡'四史'传承有我"的社会调查项目，并制定该实施方案。

一、实践教学的指导思想

以习近平新时代中国特色社会主义思想为指导，全面贯彻党的十九大精神，贯彻党的教育方针，贯彻习近平总书记关于学习党史、新中国史、改革开放史、社会主义发展史（简称"四史"）的重要论述，庆祝建党100周年，遵循大学生成长规律和教育规律，以了解家乡、服务社会为主要内容，以社会调查活动为载体，引导大学生走出校门、深入基层、深入家乡、深入群众、深入实际，开展社会调查，在实践教学中感受中国共产党成立至今的伟大历程，长才干、做贡献，树立正确的世界观、人生观和价值观，努力成长为中国特色社会主义事业的合格建设者和可靠接班人。

二、实践教学的目的

理论联系实际是党的优良传统和作风，教育与生产劳动和社会实践相结合是党的教育方针的重要内容，理论教育和实践教育相结合是大学生思想政治教育的根本原则。加强思想政治理论课实践教学，有利于大学生感受中国特色社会主义的生动实践，加深对中国特色社会主义理论体系的理解和对党的路线方针政策的认识；有利于大学生感受民生，了解社会，认识国情，增强热爱党、热爱祖国、热爱社会主义的信念和振兴中华的责任感和使命感；有利于大学生拓展能力、增长才干、奉献社会、锻炼毅力、培养品格，走正确的成长之路。促使学生认识自我，掌握中国共产党的光辉历程，了解民情，服务社会，自主观察、分析、解决问题，培养创新精神和实践能力。

结合高职院校的教学实际，在2020—2021学年春季学期"概论"课程实践课中，开展"家乡'四史'传承有我"的社会调查项目是实现"概论"课实践教学目标的有效途径。

三、社会调查的主题及形式

（一）社会调查的主题

社会调查的主题是"家乡'四史'传承有我"。利用寒假时间在家乡通过访、讲、唱、画等多种形式传承"四史"，用视频或画作记录下来。

（二）社会调查的形式及要求

1.社会调查的形式。

本次社会调查以微视频或画作（包括作品的创意说明）的形式呈现结果，不需提交社会调查报告。调查的具体形式为访、讲、唱、画。

所谓"访"，就是通过探访不同群体，用视频记录探访过程。具体来讲，可以探访家乡优秀的共产党员、革命老人和红军后代，搜集、整理党员先锋的感人故事和革命先辈的红色传说；可以探访家乡的党史研究专家和基层党史工作者，接触家乡各具特点的红色文化，挖掘更多鲜为人知的历史细节；可以探访家乡新时代的基层干部，调查了解推进精准扶贫、决胜全面小康的经验与成就；可以探访普通群众，调研不同时代产生的革命精神在当下的传承、党和国家惠民政策的落实情况等。

所谓"讲"，就是在家乡模范党员示范基地、红色纪念馆、烈士陵园等红色教育基地或革命遗址等地围绕一个主题深入讲授思政课，要求同时录制视频。

所谓"唱"，就是围绕家乡曾经发生的建党故事、革命历史事件或改革开放事件，在已有红色作品（歌曲、曲艺等形式）的基础上进行再创造，同时录制视频，或重新创作新的红色作品，以说、唱等艺术形式呈现，要求录制视频。

所谓"画"，就是用作画的方式呈现家乡的优秀党员、曾经发生的历史革命事件或革命人物，提交画作。

2.社会调查的要求。

微视频要求如下。

（1）视频长度3～5分钟，以个人为单位进行。制作视频时以个人出镜形式，先做个人介绍（包括专业、班级、姓名和指导教师姓名），再呈现相关视频内容。

（2）必须实景、真人拍摄，拍摄光线及角度合适，保证画面清晰，要有画外音的解说，并配以清晰字幕，字幕大小、布局要合理、美观。

（3）要有片头和片尾，片头的信息及顺序是：① 视频名称，② 学生专业＋班级＋姓名，③ 指导教师姓名。片尾的信息一律以制作完成的时间为准，内容为"二〇二一年×月×日制作"。片头、片尾长度均不超过15秒。

（4）画外音解说与字幕、画面同步。无明显的交流声或其他杂音等缺陷。

（5）视频技术规格：① 视频采用MP4封装，单个视频文件不超过600MB。② 字幕与视频同步封装，无须单独提交字幕文件。③ 全片图像同步性能稳定，无失步现象，图像无抖动跳跃，色彩无突变，编辑点处图像稳定。

画作要求如下。

（1）为作者原创。

（2）可以是一幅画，也可以是系列画作。

（3）画作的形式可以多样，如水彩画、中国画、油画等，不能是铅笔画。

（4）画面构图合理，要呈现家乡的典型革命事件或革命（或改革开放）人物。

（5）随同画作还需要上交一份画作的创意说明，200～500字，要说明作品的创意来源，简要描述画作呈现的历史事件或历史人物。

（6）创意说明要以A4纸打印，说明的题头是"**（作品的名称）创意说明"（宋体三号，加粗，居中），第二行是作者专业、班级、姓名（宋体四号，加粗，居中），第三行是指导教师姓名（宋体四号，加粗，居中），正文字体、字号是宋体小四，行首缩进，1.5倍行间距，两端对齐，段前、段后间距0行。

（7）在画作右下角要标明作品的相关信息（包括作品名称、专业、班级、姓名和指导教师姓名）。

四、社会调查的组织方式、范围和学时、学分

（一）社会调查的组织方式

"家乡'四史'传承有我"社会调查项目，在寒假期间进行，各班由"概论"课任课教师负责指导，包括准备、实施、考核、归档。学生在任课教师指导下，以个人为单位拍摄、制作微视频或创作画作。2020—2021学年春季学期进行课堂展示的同时，教师组织优秀作品评选。

（二）参加范围和学时、学分

此项社会调查项目是"概论"课程的实践教学环节，2020级全体学生必须参加。本环节为18学时，学分为1学分，独立设置，独立进行考核。社会调查考核不合格，则该门课总成绩不合格。

五、社会调查的时间安排和实施流程

本次社会调查活动贯穿于2020—2021学年秋季学期（第17周）、冬季学期和2020—2021学年春季学期，具体安排如下。

1. 进行社会调查的准备、布置、讲解（2020—2021学年秋季学期第17周，2课时）。

2020—2021学年秋季学期第17周，指导教师走进下学期任教的班级中，介绍"家乡'四史'传承有我"社会调查项目的制作要求及考核情况，确定假期指导的具体沟通方式。

2.进行社会调查的实施、视频（或画作）制作（2020—2021学年冬季学期，6课时）。

从2020—2021学年冬季学期开始，学生利用课余时间，根据确定的具体视频名称进行微视频的拍摄、制作或画作创作。指导教师在此期间对所任教班级进行调查、指导。

学生在教师指导下，完成社会实践作品。教师可以通过QQ、微信、电话、短信、邮件等形式随时对学生的共性或个性问题进行指导。学生将完成的视频作品提交到哔哩哔哩网站或快手或抖音，并关注点赞数量，点赞数是获得成绩加分的一个指标。

3.提交社会调查视频或画作（2020—2021学年春季学期第1周）。

2020—2021学年春季学期第一周的第1次课，学生以班级为单位将制作完成的调查视频或画作上交给指导教师。

4.展示与评比（2020—2021学年春季学期第2—4周半，10课时）。

本环节为"家乡'四史'传承有我"社会调查项目考核阶段，在2020—2021学年春季学期第2—4周半进行。考核内容包括作品展示、评比两部分，共计10课时。展示与评比在课堂上集中进行，具体考核办法见本文第七部分。

5.统计成绩，材料归档（2020—2021学年春季学期第5周）。

考核环节结束后，各任课教师根据考核情况统计每位学生成绩。整个调查任务结束后，指导教师以行政班为单位收齐作品，一并提交至思想政治理论课教学部存档。

6.总结及表彰。

社会调查答辩结束后，将对全校的社会调查活动及时总结，根据学生在整个社会调查过程中的表现以及按要求提交的社会调查活动成果及评比情况，评选出"家乡'四史'传承有我"社会调查优秀作品和优秀指导教师并进行表彰和奖励。

六、社会调查的展示及评比要求

调查视频或画作在课堂展示、评比。评比由指导教师主导，组织全班学生完成。具体办法：学生分组，在课堂观看完视频或画作照片后，每个小组点评一个作品，依次轮流进行。针对同一个作品，由每个小组学生逐一进行点评。教师根据每个视频或画作质量和学生的点评质量进行打分，确定每一个学生的社会调查实践作业的总成绩。

七、考核办法

本社会调查项目为18课时，记1学分。在课程考核中占25分，其中，作品成绩占20分，学生点评成绩占5分。具体评分规则如下。

表1 社会调查成果评分规则

	视频作品考核指标	画作考核指标	作品成绩	合计
作品考核指标（共20分）	主题明确、具体，内容完整，讲述清晰、准确（占50%，满分10分）	主题清晰、明确，内容展现尊重史实，富有感染力（占50%，满分10分）		
	片头、片尾完整。拍摄光线、角度合理，画面清晰、稳定（占15%，满分3分）	创意独特，构图美观、合理（占15%，满分3分）		
	字幕清晰，布局合理，解说与字幕、画面同步。语言准确、优美，声音清晰、稳定（占15%，满分3分）	创意说明准确、简练，语言适切（占15%，满分3分）		
	视频格式、大小符合要求，系原创，非抄袭，作品上传网站的点赞数量高（占20%，满分4分）	作品形式、创意说明符合要求，系原创，非抄袭（占20%，满分4分）		
点评考核指标（共5分）			点评成绩	
	点评内容全面、具体、公正（占60%，满分3分）			
	点评语言精确，指向具体，言简意赅（占20%，满分1分）			
	点评态度认真，效果好，引发共鸣（占20%，满分1分）			
总计成绩				

思想政治理论课教学部

概论课教研室

2020年10月3日

必选实践项目二

主旋律歌曲诵唱活动方案

为提高大学生的思想政治素质，激发学生学习思想政治理论课的学习兴趣，丰富校园文化生活，汇报思想政治理论课教学成果，结合"毛泽东思想和中国特色社会主义理论体系概论"课的实践环节举办"主旋律歌曲诵唱"活动。

一、主办单位

主办单位：院团委、思想政治理论课教学部

承办单位："概论"课教研室

二、参赛对象

2020级学生，以班级为单位参赛。

三、主旋律歌曲主题

以庆祝建党100周年为活动主题。

四、比赛要求

所唱歌曲原则上从各专题推荐的"歌曲赏析"中选择。每一个参加决赛的队伍演唱时间不超过6分钟，将比赛纳入"毛泽东思想和中国特色社会主义理论体系概论"考核。

五、具体安排

1. 布置与初赛。2021年3月在各班进行布置和初赛。由各班"毛泽东思想和中国特色社会主义理论体系概论"任课教师在春季学期第一次"毛泽东思想和中国特色社会主义理论体系概论"上课时间与地点进行布置，从自己所任课班级中推选出一个班级，参加复赛，同时将参加复赛班级名单提交给思想政治理论课教学部"主旋律歌曲诵唱"活动负责人。

2. 复赛。2021年4月以二级学院为单位进行复赛。每个二级学院配备一名思政课教师进行组织联络，从进入复赛的班级中，每班推选1名学生组织联络人，师生共同联系所在二级学院进行复赛，从参加复赛的班级中选出2个班级参加决赛。

3. 决赛。2021年5月下旬在学院范围内进行决赛，8个二级学院（部）共推选出14个班级作为参赛队伍。

六、评价依据参考

1.队形整齐，服装统一，仪态大方，精神饱满。

2.指挥姿势正确，指挥灵活准确，动作大方协调，与乐曲情绪相符。

3.精神面貌积极向上，台风好，上下台纪律良好，做到快、静、齐。

4.诵唱人员、指挥、伴奏舞台表演准确、恰当，配合默契。

5.能够准确把握歌曲的主题思想，音乐处理得体，音色优美，声音洪亮，吐字清晰，气势磅礴，有感染力、表现力。

6.诵唱形式丰富，具有一定的艺术技巧，音准、节奏掌握良好；方法正确，形式丰富（如领唱、轮唱、朗诵、动作或其他演唱形式）、新颖，音乐表现完整。

七、奖项设置

活动设团体奖一等奖2个、二等奖3个、三等奖4个、优秀奖5个，获奖者授予荣誉证书，按规定计入获奖成员的"毛泽东思想和中国特色社会主义理论体系概论"成绩。

八、评委

由主办单位聘请。

思想政治理论课教学部

概论课教研室

2020年10月4日

自选实践项目

寻找青年"政治佳"系列实践项目一 撰写思政课理论文章

▲

【项目名称】寻找青年"政治佳"思政理论文章撰写

【项目要求】

1. 字数：1 500~3 000字。

2. 主题：习近平新时代中国特色社会主义思想（简称"习思想"）。

3. 内容及排版要求：

（1）内容原创。围绕习近平新时代中国特色社会主义思想的某一个方面展开论述。结合自己、身边人、家乡或典型的社会事件展开论述，三观端正，情感充沛，有叙有议，主题鲜明，层次清晰，结构完整，逻辑严谨，理论系统，文笔流畅，体现新时代大学生的新思想和新创意。

（2）题目：简洁、精炼、准确，一般不超过20字。居中，黑体四号。

（3）正文：首行缩进，小四，宋体。

4. 提交作品电子版一份。

【项目准备】

1. 充分学习"习思想"及历年获奖作品。

2. 虚心请教指导教师。

3. 积极参加学院组织的比赛。

【项目考核】

1. 本项目属于加分项目。学生自愿参加，院级比赛的获奖选手将获得本课程加分、证书及奖品。具体加分规则参看"毛泽东思想和中国特色社会主义理论体系概论"课程标准、课程考核方案和届时的学院比赛规则。

2. 院级比赛获奖的部分选手将被推荐参加省赛和国赛，省赛和国赛获奖选手将获得奖金及证书。

【推荐资源】

说明：包括但不限于以下资源。

文本资源：

1.《习近平新时代中国特色社会主义思想学习纲要》 学习出版社、人民出版社

2.《习近平谈治国理政》习近平　外文出版社

3. 习近平总书记系列讲话

4.《之江新语》习近平　浙江人民出版社

5.《共产党宣言》马克思、恩格斯　人民出版社

6.《毛泽东选集》毛泽东　人民出版社

7.《邓小平文选》邓小平　人民出版社

8. 辩证唯物主义和历史唯物主义（教材）

9.《中国哲学简史》冯友兰著　涂又光译　北京大学出版社

10.《新时期领导干部意识形态能力建设》朱继东　人民出版社

11.《钢铁是怎样炼成的》尼·奥斯特洛夫斯基　人民文学出版社

12.《帝国主义论》列宁　人民出版社

13.《苦难辉煌》金一南　华艺出版社

媒体资源：

1. 学习路上——习近平总书记系列重要讲话大型网络数据库

http://cpc.people.com.cn/xuexi/

2. 寻找青年"政治佳"历年获奖作品公示（备注：第一季没有公示获奖作品）

第二季：http://www.dzwww.com/2017/zzj/

第三季：https://w.dzwww.com/p/1518563.html

第四季：https://hb.dzwww.com/p/4262590.html?f=kolXiv

3. 习近平新时代中国特色社会主义思想三十讲课件

http://www.xinhuanet.com/politics/xjpsxkj/

4. 云党课

http://dangjian.people.com.cn/GB/414208/

5. 中共中央党校（国家行政学院）

http://www.ccps.gov.cn/

自选实践项目

寻找青年"政治佳"系列实践项目二　拍摄视频和MV

▲

【项目名称】 寻找青年"政治佳"视频和MV拍摄

【项目要求】

1. 主题：习近平新时代中国特色社会主义思想（以下简称"习思想"）

2. 目标：引导学生养成自觉以习近平新时代中国特色社会主义思想为指导的思维习惯，在日常生活、学习中感悟新时代、学习新理论、思考新问题、弘扬新精神、传播正能量、创作新作品，争做肩负使命担当的时代新人，书写精彩青春新篇章。

3. 内容如下。

（1）内容原创。紧密围绕贯彻落实习近平新时代中国特色社会主义思想，组织学生创作动漫、微电影、歌曲MV等多种适合互联网传播的正能量作品。主题鲜明，三观端正，取材新颖，层次清晰，结构完整，真实性和艺术性统一。

（2）题目：精炼、大气、新颖、有个性。

（3）需要制作片头和片尾。片头要有"《毛泽东思想和中国特色社会主义理论体系概论》实践项目——视频和MV"、视频题目、学院、专业、班级、作者姓名、指导教师姓名等信息，片中要有字幕，片尾要有制作时间。

（4）时长：5分钟以内。

（5）可以以个人为单位完成或小组团队形式共同完成，小组团队人数不超过5人。

4. 提交：按思政部统一要求和统一规定时间按时提交视频作品一份。

【项目准备】

1. 充分学习"习思想"及历年获奖作品。

2. 虚心请教指导教师。

3. 精心构思、拍摄视频作品。

【项目考核】

本项目属于加分项目。学生自愿选择参加，院级比赛的获奖选手将获得本课程加分、证书及奖品。具体加分规则参看"毛泽东思想和中国特色社会主义理论体系概论"课程标准、课程考核方案和届时的学院比赛规则。

院级比赛获奖的部分选手将被推荐参加省赛和国赛，省赛和国赛获奖选手将获得奖金及证书。

【推荐资源】

1. 寻找青年"政治佳"参评视频决赛作品展示和历年获奖作品公示。

（1）http：//www.dzwww.com/2016/xzqn/

（2）微信"爆三样"公众号

2."学习强国"网站微视频、微电影、歌曲MV展播。

https：//www.xuexi.cn/

自选实践项目

寻找青年"政治佳"系列实践项目三　H5展现"习思想"

【项目名称】H5展现"习思想"

【项目要求】

1. 页数：H5网页展示页面不少于12页。

2. 主题：习近平新时代中国特色社会主义思想（简称"习思想"）

3. 网页内容要求：

（1）以习近平总书记重要讲话精神为主题，以教材中习近平新时代中国特色社会主义思想部分的内容为基础。

（2）首页须包含：主题名称——青岛职业技术学院"毛泽东思想和中国特色社会主义理论体系概论"课"H5展现'习思想'实践项目——＊＊＊＊＊＊"、项目团队名称。

（3）H5项目内容展示页面：首先要有项目主题背景（理论的认识与理解、活动的准备过程简介）的简介；每页都有实地活动的照片并配有对照片内容的文字性描述；最后要有活动的感悟和总结。

（4）末页须包含：结束语；项目团队成员的学院、专业、班级、姓名、指导教师姓名、制作时间。

（5）网页中采用的照片要清晰；文字大小要适中；色彩搭配要科学（文字与背景颜色的搭配尤为重要）。

【项目准备】

1. 充分学习"习思想"及历年获奖作品。

2. 在思政课教师指导下拟定项目方案。

3. 以小组为单位在学校开展宣传、采访、宣讲等活动。

4. 活动开展过程中多拍照片，用这些照片为素材制作H5网页。

【项目考核】

1. 本项目属于加分项目。学生自愿参加，院级比赛的获奖选手将获得本课程加分、证书及奖品。具体加分规则参看"毛泽东思想和中国特色社会主义理论体系概论"课程标准、课程考核方案和届时的学院比赛规则。

2. 院级比赛获奖的部分选手将被推荐参加省赛和国赛，省赛和国赛获奖选手将获得奖金及证书。

【推荐资源】

说明：包括但不限于以下资源。

1. 关注微信公众号"爆三样"，选择"政治佳投票"，再选择"H5和图片"即可欣赏相关作品

2. 寻找青年"政治佳"——大众网（内有H5相关作品）

https://www.dzwww.com/2016/xzqn/

附件 寻找青年"政治佳"历年选题方向

第一季（2016年）选题方向

1. 你觉得什么是当代最真实的爱国主义？

2. 青年一代该如何进行中华优秀传统文化的转化、创新与传承？

3. 通过案例阐述你如何看待历史虚无主义。

4. 用90后的思维讲一讲对马克思主义的理解。

5. 你所期待的社会主义是什么样的？

6. 结合中国梦，说说你的信仰与理想。

7. 选取一个或几个网络或社会热点问题，谈谈你的思考，说出你的观点

第二季（2017年）选题方向

1. 中国特色社会主义进入了新时代，请结合实际，谈谈如何理解"新时代"。

2. 请用你最擅长的表达方式，写出对习近平新时代中国特色社会主义思想的学思践悟。

3. 习近平总书记指出，"中国梦终将在一代代青年的接力奋斗中变为现实"。在实现"两个一百年"奋斗目标的新征程中，你将如何规划人生？

4. 《习近平的七年知青岁月》这本书让你感受最深的是什么？让青春在基层闪光，你的"计划书"和"路线图"是怎样的？

5. 坚持文化自信，传承和弘扬齐鲁优秀传统文化。请发挥你的特长，面向全世界，向中华优秀传统文化表白。

6. 结合新时代、新目标，讲一讲"沂蒙精神"的时代意义，如何在实现"两个一百年"奋斗目标的征程中发挥"沂蒙精神"的作用？

7. 培育和践行社会主义核心价值观，从全民做起，从家庭做起，从娃娃抓起。作为一名青年，你觉得自己可以发挥什么样的作用？

8. 坚决打赢脱贫攻坚战，五年来山东乡村大变样。说说你家乡近五年来的新变化，精准扶贫都有哪些好模式？哪个故事让人笑着哭？

9. 十九大报告提出实施乡村振兴战略，青年人在返乡创业创新中如何书写人生华章？

10. 为保护生态环境做出我们这代人的努力。保护环境，青年大有可为。你能为此做些什么？

第三季（2018年）选题方向

1. 在2018年的全国两会上，习近平总书记提出，要打造乡村振兴的"齐鲁样板"，你觉得山东的优势在哪里，该从哪些方面着力？

2. 城市人才争夺战不断升级，在新旧动能转换中，各地如何引人才、留人才？

3. 如何弘扬"沂蒙精神"、传承红色基因，如何看待"沂蒙精神"与"四个意识""四个认同""四个服从"之间的关系？

4. 依海而兴，向海图强。作为海洋大省，山东站在新的历史起点上，应如何经略海洋？

5. 《习近平的七年知青岁月》这本书让你感受最深的是什么？让青春在基层闪光，你

的"计划书"和"路线图"是怎样的？

6. 培育和践行社会主义核心价值观，从全民做起，从家庭做起，从娃娃抓起，作为一名青年，你觉得自己可以发挥什么样的作用？

7. 坚决打赢脱贫攻坚战，五年来山东乡村大变样，说说你家乡近五年来的新变化，精准扶贫都有哪些好模式？哪个故事让人笑着哭？

8. 2018年是改革开放40周年，结合自身经历，谈改革开放给群众的生产、生活带来了哪些改变。

9. 改革只有进行时，没有完成时，2018年年初，山东省全面展开新旧动能转换重大工程动员大会，提出加快思想再解放，你觉得思想再解放的突破口在哪里？

第四季（2019年）选题方向

1. 2019年4月30日，习近平总书记在纪念五四运动100周年大会上指出：当代中国，爱国主义的本质就是坚持爱国和爱党、爱社会主义高度统一。新时代中国青年要听党话、跟党走，胸怀忧国忧民之心、爱国爱民之情，不断奉献祖国、奉献人民，以一生的真情投入、一辈子的顽强奋斗来体现爱国主义情怀，让爱国主义的伟大旗帜始终在心中高高飘扬！请你谈谈新时代的中国青年学生应当如何践行爱国主义精神。

2. 2016年5月17日，习近平总书记在哲学社会科学工作座谈会上的讲话中指出：对马克思主义的学习和研究，不能采取浅尝辄止、蜻蜓点水的态度。有的人马克思主义经典著作没读几本，一知半解就哇啦哇啦发表意见，这是一种不负责任的态度，也有悖于科学精神。作为新时代青年如何学习、践行马克思主义？

3. 2018年全国两会，习近平总书记参加山东代表团审议时强调，红色基因就是要传承。请结合你身边的事例讲述山东如何依托红色资源，让"沂蒙精神"在新时代发扬光大。

4. 党的十九大报告指出，中华民族伟大复兴的中国梦终将在一代代青年的接力奋斗中变为现实。作为青年学生，青年梦与中国梦是怎样的关系？你认为应该怎么做才能将中华民族伟大复兴的中国梦变为现实？

5. 在学校思想政治理论课教师座谈会上，习近平总书记强调思想政治理论课是落实立德树人根本任务的关键课程。请你结合总书记的要求，描述你心目中理想的思政课，讲述你身边的"最美思政课教师"。

6. 在信息爆炸、观点多元、文化多样的今天，一些历史问题也出现了"泛娱乐化"的现象。你认为在学习和生活中，广大青年学生应该如何正确地对待重大历史问题？如何树立正确的历史观？

7. 齐鲁大地具有丰富的优秀传统文化资源，在传承发展中华优秀传统文化过程中，你认为山东应该担当什么样的角色？山东应该如何继承和发展中华优秀传统文化？

8. 2019年是中华人民共和国成立70周年，实践证明，只有社会主义才能救中国，只有中国特色社会主义才能发展中国。你对这一历史结论是怎么理解的？当前，我们应该如何坚持中国特色社会主义道路？

9. "今天你学习强国了吗"已经成为青年学子的常规问候语。在学习过程中，你有什么体会和感悟？

10.《习近平的七年知青岁月》这本书让你感受最深的是什么？让青春在基层闪光，你的"计划书"和"路线图"是怎样的？